珍藏本
纪念版

汉译世界学术名著丛书

事实、虚构和预测

〔美〕纳尔逊·古德曼 著

刘华杰 译

2017年·北京

Nelson Goodman

FACT, FICTION, AND FORECAST

根据哈佛大学出版社 1983 年第 4 版译出

汉译世界学术名著丛书
（120年纪念版·珍藏本）
出 版 说 明

2017年2月11日，商务印书馆迎来120岁的生日。120年前，商务印书馆前贤怀揣文化救国的理想，抱持“昌明教育，开启民智”的使命，立足本土，放眼寰宇，以出版为津梁，沟通中西，为中国、为世界提供最富智慧的思想文化成果。无论世事白云苍狗，潮流左右激荡，甚至战火硝烟弥漫，始终践行学术报国之志，无改初心。

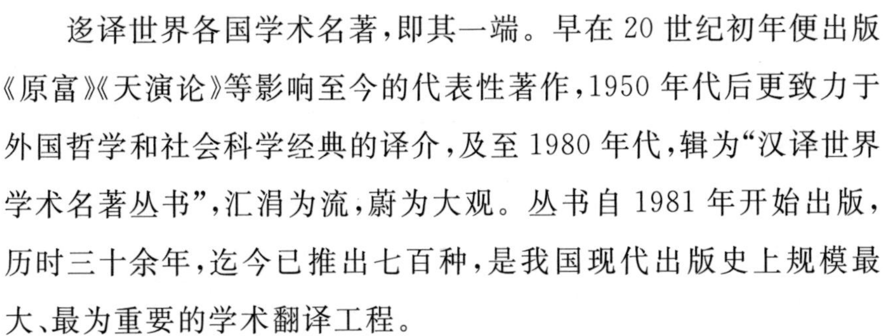

迻译世界各国学术名著，即其一端。早在20世纪初年便出版《原富》《天演论》等影响至今的代表性著作，1950年代后更致力于外国哲学和社会科学经典的译介，及至1980年代，辑为“汉译世界学术名著丛书”，汇涓为流，蔚为大观。丛书自1981年开始出版，历时三十余年，迄今已推出七百种，是我国现代出版史上规模最大、最为重要的学术翻译工程。

丛书所选之书，立场观点不囿于一派，学科领域不限于一门，皆为文明开启以来，各时代、各国家、各民族的思想与文化精粹，代表着人类已经到达过的精神境界。丛书系统译介世界学术经典，引领时代思想，为本土原创学术的发展提供丰富的文化滋养，为推动中国现代学术和现代化进程做出了突出的贡献。

为纪念商务印书馆成立120周年，我们整体推出“汉译世界学术名著丛书”120年纪念版的珍藏本，寄望既利于文化积累，又便于研读查考，同时向长期支持丛书出版的译者、编者和读者致以敬意。

两甲子后的今天，商务印书馆又站在了一个新的历史时间节点上。我们不仅要铭记先辈的身影和足迹，更须让我们的步伐充满新的时代精神。这是商务人代代相传的事业，更是与国家和民族的命运始终紧密相连的事业。我们责无旁贷，必须做好我们这代人的传承与创造，让我们的努力和成果不仅凝聚成民族文化的记忆，还能成为后来人可以接续的事业。唯此，才能不负前贤，无愧来者。

商务印书馆编辑部

2017年10月

目　　录

困境

投射

第四版序言 vii

《事实、虚构和预测》(*Fact, Fiction, and Forecast*)已经取得当代经典这一近乎矛盾的地位。所谓“经典”,是指它是我们这个时代中每位严肃的哲学学人都不得不阅读的少有的著作之一;所谓“当代”,是指它不但是由一位当代哲学家所撰写的,而且它对最广泛讨论的诸哲学话题依然发出着自己的声音。

古德曼(Nelson Goodman)完全重新塑造了传统的归纳难题。对他而言,此问题不是要保证归纳在未来仍然有效,我们没有这种保证,而是试图以既不太随意也不太含糊的方式刻画归纳是什么。古德曼首先突显的核心困难是投射难题(projection problem):可投射性质与不可投射性质的区别何在,前种性质是指从样本可以归纳地投射到总体,后种性质是指多少抵制此种投射的性质。

古德曼用于证明谓词并非都是同等可投射时给出的著名论证,依据了他发明的古怪谓词“格路”(grue)。他把格路定义为,某物或者在某一特定时刻之前被观察且为绿色的,或者在那一时刻没有被观察且为蓝色的。这项哲学发明有些方面颇像一件艺术
作品,可是为什么呢?不仅仅因为它具有精致、新颖、简明等美 viii
学特征。或许,使得此论证如此迷人的是,真正称得上证明的、证

明之哲学中的稀缺性。不过，古德曼并不把他的论证表达为一种证明，而是把它展示为一个谜题。也许，这恰好达到了艺术效果，事实是，一项精致的证明竟通过一个简单的举例的方式实现了。

古德曼证明了什么？福多(Jerry Fodor)在一份被广泛阅读的讨论中指出，对于归纳，需要的正是假说的先天排序。[①] 但这并不是古德曼所证明的；事实上，这样说甚至并不正确。有些归纳模型，并不预设假说或谓词的先天排序；古德曼自己的模型就是一例。在他的模型中，假说以随着文化史和科学史的进程而变化的方式被排序。甚至古德曼根据过去的归纳实践用于为假说排序的原则，比如说“加固”(entrenchment)原则，在他看来也不是先天的，而是通过对我们共同体实践的哲学反思而达成的。

额尔金(Catherine Elgin)近来向我指出，古德曼的观念与晚期维特根斯坦(Wittgenstein)的观点有很强的相似性，至少就某一种解读而言是如此。[②] 这种比较比尝试把古德曼的思想与乔姆斯基的思想关联起来，更有道理些。与维特根斯坦类似，古德曼并不
ix 相信能够找到保证、基础或者“宇宙的架构”。(在拒斥传统哲学方面他甚至比维特根斯坦走得更远，古德曼在其最近的作品中把自己描述为“相对主义者”和“非实在论者”。)也许，我们所知道的，古

---

① 比如，参见福多和乔姆斯基(Chomsky)的评论，见 Massimo Piattelli-Palmarini 编《语言与学习》(*Language and Learning*, Cambridge, Mass.: Harvard University Press, 1980 年)，第 259—261 页。

② 额尔金心目中的解读是由于克里普克(Saul Kripke)，参见他的《维特根斯坦论规则和私人语言》(*Wittgenstein on Rules and Private Language*, Cambridge, Mass.: Harvard University Press, 1982 年)。

德曼与维特根斯坦共同相信的是实践，实践的正误取决于它们与我们的标准是否符合。而我们的标准正确与否，取决于标准与实践是否匹配。这是一个循环，或者更准确说是一个螺旋，但是，与杜威(John Dewey)一样，古德曼认为这是有益的循环。

我宁愿把古德曼的著名论证视为一种证明。他所证明的是，尽管他本人不这样考虑，归纳逻辑不具有演绎逻辑意义上的那种形式。一项推断的**形式**，在一种类似演绎逻辑的意义上，不可能告诉人们此推断是否是归纳有效的。

因此，为了“解决”古德曼难题，人们必须提供某种原则，能用于在不同推断中进行选择，这些推断在逻辑形式方面没什么不同，即那些推断所包含的专门谓词的基础没什么不同。不喜欢古德曼建议的哲学家，认为他的建议依赖于文化中过去的归纳投射的实际历史，他们提出了许多并**不**成功的“解决方案”。比如，有的哲学家认为，有效的归纳推断一定不能含有析取谓词(disjunctive predicates，也译选言谓词)。不过，这并不成立，因为从逻辑的观点看，所谓析取，不过是谓词的一种**关系**属性：一个谓词是否是析取的，是相对于语言选择的。如果把熟悉的颜色谓词视为原始的，那么古德曼的谓词“格路”就**是**一种析取谓词；可是，如果把不熟悉 x
的谓词格路和伯力(bleen)视为原始的，那么“绿”就可以定义为：格路并且在时间 t 之前被观察，或者伯力并且在时间 t 之前没有被观察。因此，在一种语言中当正常的颜色谓词作为原始谓词时，谓词格路就是析取的，而在一种语言中当把古德曼发明的非标准的谓词(古德曼称之为“格路勒”(gruller)谓词)视为原始谓词时正常的颜色谓词就成了析取谓词了。一个谓词本身并无所谓析取的

或者非析取的。

我刚才所描述的状况是对于一个逻辑学家来说看起来的样子。卡尔纳普认为，相对于一种语言或者原始谓词的选择，一个谓词可能是析取的或者非析取的，这样考虑之后，在这种看问题的方式之上，一个谓词可以是内在地析取的或者非析取的。实际上，他推测存在一种形而上学的指针，可以遴选出，我们不知道如何做到的，某些谓词是定性的（qualitative），即从归纳的观点看是圣洁的。可是，即使我们排除了像格路这样的谓词，在卡尔纳普看来它们是非定性的，问题也仍然存在，至少在卡尔纳普的归纳逻辑体系中存在。例如，如果我们把量“长度的平方”而不是量“长度”视为原始量，那么对于某些假说我们就会得到不正常的确证度（degrees of
xi confirmation）。③ 根据卡尔纳普，“长度”和“长度的平方”都是定性的。于是，为了说明标准的原始量——长度——的选择是有道理的，他必须假定某些定性的量——包括长度——是内在地基本的。逻辑天国本身会告诉我们在我们的理论中什么样的谓词可视为原始的！这类卡尔纳普似的想法并没有解决古德曼问题，它们仅仅把逻辑变成了形而上学。

萨尔蒙（Wesley Salmon）提出了一种更激进的解决方案，其他一些哲学家也提出了类似的建议，此方案认为，**被实指定义的**（ostensively defined）原始谓词是归纳逻辑所需要的。“实指可定

③ 比如，在卡尔纳普的体系中，如果“长度”是原始的，相对于证据“x 的长度介于 0 和 1 之间”，假说“x 的长度介于 1 和 1/2 之间”的确证度为 0.5；而如果“长度的平方”是原始的，那么确证度就是 0.25。这是因为，这个假说可以重新写作“x 的长度的平方介于 0 和 1/4 之间”。

义性是区分正常谓词与病态谓词的基础。”[④]不过，实指可定义的谓词都是**可观察的**谓词，排除所有非可观察谓词的建议，动机不明并且过于严格。

动机不明：如果一种杆菌在显微镜下看起来为S形的，就可称它为“是一种S状”的。那么“是一种S状杆菌”是不可观察的，却是完全可投射的。如果弱化“实指可定义”，允许使用仪器，那么如古德曼所指出的，格路也是实指可定义的：所要做的只是搭建一种测量仪器，如果时间处于 t 之前（设想测量仪器包含有一个内部时钟）仪器正扫描到绿色的东西，或者如果时间处在 t 之后仪器扫描 xii
到一种蓝色的东西，那么它就一闪一闪地发射一种红光。[⑤] 使用此种仪器，通过观察是否有红光在闪烁，人们就能说出某物是否为格路的，而不需要知道现在是什么时间。批评者可能反驳说，此种仪器实际上在测量时间，但是，某种意义上，含有内部运动部件并且其正确运行需要依靠这些部件以恰当的速率运动的任何测量仪器，都可以说包含一个内部时钟。要点在于，除非我们不用机械装置辅助观察，否则我们就不能据此排除格路谓词。[⑥]

过于严格：如果只有实指可定义的谓词才是可投射的，那么对于不可观测对象我们如何作出推断？古德曼之解释的力量之一在

---

④ 出自萨尔蒙，“罗素论科学推断”（Russell on Scientific Inference），见《罗素的哲学》（*Bertrand Russell's Philosophy*，G. Nakhnikian 编辑，New York：Barnes and Noble，1974 年），第 190 页。

⑤ 在此，我从古德曼的格路定义转换到巴克尔（Stephen Barker）和阿辛斯坦（Peter Achinstein）提出的定义，此定义可用于说明同样的问题。

⑥ 参见古德曼的讨论，见《艺术语言》（*Languages of Art*，第二版，Indianapolis：Hackett，1976 年），第 100—101 页。

于，它包含了一种机制，据此新的谓词，包括非观察谓词，可以获得可投射性。这些机制，类似于赖辛巴哈（Hans Reichenbach）所说的“交叉归纳”（cross induction），取决于一种假说与另一种假说之间的关系。当一个假说含有更高一层次的谓词时，古德曼称它为“上位假说”（overhypothesis）。比如，“所有袋子里的所有弹子都具有相同的颜色”，就是“这个袋子里的弹子是红色的”的一个上位假说。但是，如果我们允许使用的较高层次的谓词都是实指可定义的（如萨尔蒙所建议的），那么可投射的假说的下位假说（underhypothesis）将会因为上位假说是关于可观测对象的而总是关于可观测对象的，于是反驳者不能使用古德曼的机制把可投射性从可投射的观察谓词转移到非观察谓词，并且古德曼的批评者未能提供任何替代机制来完成这一工作。

xiii 不管怎么说，我不想完全排除格路。有时它是可投射的，他的

讨论明显容许了这一点。

回避古德曼难题的这些尝试的失败，并不表明我们的谓词排序必定基于加固性，只表明他对加固性的选择是与其元哲学相一致的。加固性依赖于在过去我们实际归纳地投射一个谓词的频率；不管在论艺术还是在论归纳的作品中，古德曼所推崇的都是与实践的相合性，如其在历史中实际发展的那般。对于一个哲学家来说这似乎是矛盾的，他既推崇新颖性又与现代性为友，但是古德曼在此并没有冲突。在他看来，使得他既看重继承来的传统又看重新颖活动与形式、并能够游刃其间的，是多元论的真理观。这种多元论在这部著作中仅有些许暗示，比如他清晰地陈述过，至于哪种谓词是可投射的，是文化的偶适历史的事情。但在他最近的著

作中，这已经成为中心主题。[7] 虽然加固性作为可投射性的原始资源的选择，与古德曼的元哲学是相合的，但是这并不意味着他先验地排除了其他解决可投射性难题的可能性。少有哲学家比古德曼更少先验色彩。在这一点上他所坚持的以及他唯一坚持的是，**任何**提议的解决方案都要根据它系统化我们实际所做事情的能力来判定。

在此处或者在别处，重要的是认识到古德曼对于我们不能使用的形式主义并不感兴趣。这种实用主义，从这个词最好的方面 xiv
来理解，在他论反事实句的工作中显而易见，反事实句是古德曼活动其间的当代哲学的另一个争论不休的领域。这一工作尽管结局是否定的，却设定了后来讨论的议程。对此难题最近的研究者，如刘易斯(David Lewis)，提出了一种形式化的方案，此方案预设了“可能世界”的一种给定的总体，以及用以测量其相似性的一种“相似性度规”。[8] 对反事实句难题的这种“解决”，在古德曼看来根本就不是解决，因为我们并不拥有用以指出哪些可能世界与真实世界更相似或更不相似的原则。凭直觉回答问题，并无助于使我们直觉上搞清楚，我们感兴趣的反事实句是对的或错的，这是其一。另外，也不存在“可能但不实际的”世界。前面提到的卡尔纳普的形式化归纳逻辑，也处于同样境地。古德曼尊重形式逻辑，但当用形式逻辑以某种方式乔装打扮一个问题而在实践中并无奏效时，

⑦ 特别参见的他《世界制造的方式》(*Ways of Worldmaking*, Indianapolis: Hackett, 1978 年)。

⑧ 见刘易斯,《反事实句》(*Counterfactuals*, Cambridge, Mass.: Harvard University Press, 1973 年)。

他不会固执于形式逻辑。他哀叹时下为了形式主义而对形式主义的溺爱。

也许，此时该我给出关于古德曼哲学方法和哲学态度的最重要的评论了。虽然与罗蒂(Richard Rorty)一样，他从拒斥确定性和拒斥独立于我们理论化过程的一种本体论底层出发，甚至更像
xv 罗蒂，拒斥了哲学中最时髦的问题，但是他完全摆脱了相当程度笼罩在 20 世纪哲学界的“哲学现在已终结”的情结。[9] 古德曼说，如果没有现成的世界，那么就让我们来建造世界吧。如果没有标准，那么就让我们建构标准吧！没什么东西是现成的，一切都有待生成。

古德曼在句法结构理论、数学的唯名论基础、一般符号理论、心理学哲学以及美学和当前的一些哲学问题方面多有著述，他天才的创造力和广博的兴趣充分说明，他与哲学终结论观念之间是多么遥远。他的许多著作的建设性本性也是如此。多数哲学工作者只是捍卫论题；古德曼则是一位兜售(他本人的用语)方法和概念的人物。不过，他会指出，如果没有现成的世界，那么论题与建设之间的界限就消融了。

如我已经评论过的，把古德曼视为支持任何先天观念的人物，是一个错误。他对心理学并非没有兴趣，他几乎一生都在其中工作。用他的话来说，真正的问题并非是先天是什么，真正的问题必然与文化进化有关。我们是世界制造者(world-makers)，我们持

⑨ 见罗蒂，《哲学与自然之镜》(*Philosophy and the Mirror of Nature*, Princeton: Princeton University Press, 1979 年)。

续不断地“从旧世界中制造新世界”。我们所见、所感、所触，均处 xvi
于流动之中，处于我们自己的创造之流中。真正的心理学问题是，我们如何塑造这种流动，以及我们如何在其中驾驭它。在思考古德曼时，我不断回到他的乐观主义，或者我也许应当说他的能量。他并不相信事情正在好转或者必定在未来变得更好之类的进步。但他确实相信新颖性既坏也好、既令人讨厌也令人振奋；他发现建设与创造令人激动并富有挑战。总之，他相信我们可以做许多许多事情，而他宁愿做具体的、部分的推进，而不是做宏大的、终极的空想。

普特南(Hilary Putnam)

xvii

导论性注记

1954 年第一版导言

本书四章的内容均源自讲座。虽然第一次讲座与另外三次讲座之间在时间上相隔七年在空间上相距数千英里，但是它们是关于密切相关的一组难题而做的思想上连续的一串探索。此前，只
10 有第一章的内容正式发表过。

1944 年夏，我差不多完成了题为“关于非存在的两篇论文”(Two Essays on Not-Being)的一份初稿。其中一篇论文解释了反事实条件句，第二篇论文利用这一解释处理潜在性(potentiality)、可能性(possibility)和素质(dispositions)* 问题。不过，第一篇论文中还存在一些小的难题需要注意，直到数周后我的两篇论文变成了关于非存在的例证而不是对非存在的处理，而这些难题又引出了一些更麻烦的问题。

可以有一丝安慰的是，失败乃成功之母，我紧紧抓住科学家的

---

* 根据全国科学技术名词审定委员会 2003 年公布的《自然辩证法名词》(科学出版社，2004 年)本书中将 disposition 译作“素质”，此词也译作倾向、品性。——译者注

这根稻草，把这次受挫的详细历史过程当作了 1946 年 5 月在纽约的演讲主题。数月后，演讲内容以《反事实条件句难题》(The Problem of Counterfactual Conditionals)在《哲学杂志》上发表出来。

从那时起人们已经发表了一大批文章，但对于解决那个问题只取得了可怜的进展，时下关于此问题有各种各样的观点，有人认 xviii
为它根本就不是一个问题，有人认为它是不可解的。这些极端的看法都没有充分的根据。前者通常用这样的主张来作支持：至少理论上，在各门学科中我们没有反事实条件句也能工作。可是，即使如此，在哲学中，如果没有它们(或者它们的明确替代物)，无论如何我们都没法继续前进。“此问题不可解”的后一种观点有时援引这样的支持证据：悖论性的反事实条件句使常识出现了混乱。但是，这些案例并不能论证不可解性，因为如果我们能够提供一种解释，成功地处理清晰的案例，那么我们就可以把不清晰的案例放到一边，随它们去。

持续没能找到一种解决方案，就急于把它视为假问题或者不可解的问题打发掉，当然是令人费解的。麻烦在于，我们所面对的不是一个孤立的问题，而是紧密交织的问题族。如果我们把它置于一边，那么我们处理其他问题时通常还会遇到非常类似的难题。而如果我们把素质、可能性、科学定律、确证* 以及类似的问题都放到一边去，那么我们实质上就放弃了科学哲学。

* 在科学哲学中 confirmation 可译作认证、确证、确认等；在天主教文献中，这个词被译作“坚振”。不得不承认，“坚振”是个好译法。——译者注

这些年，我在撰写关于其他方面问题的一部书，这花去了我大部分时间，不过在《表象的结构》（*The Structure of Appearance*）于1951年出版之后，我又回到了反事实条件句难题及其同源的问题，又开始在原来的各领域驰骋。当伦敦大学1952年邀请我翌年
xix 作若干讲座时，我加紧工作，决心找到新的思路。我努力的结果就是1953年5月用总标题“事实、虚构和预测”（*Fact, Fiction, and Forecast*）在伦敦所作的三次讲座所报告的内容。

在本书中，第一部分“困境—1946”由一篇论文“反事实条件句难题”组成，重印于此，没有重大改动。第二部分“投射—1953”由三篇伦敦讲座组成，此处是首次印行。这三篇稿子均有一定修改，特别是加了内容广泛的脚注。涉及增补与改进的最大的变化，出现于最后一讲的文字中，把原来讲座后1/4的内容扩充成了现在第四章的后1/2的内容。我非常感谢亨普尔（C. G. Hempel）提出了许多有用的建议，也感谢弗劳尔（Elizabeth F. Flower）有价值的编辑工作。

虽然本书前后的两部分如上所述紧密联系在一起，但是我并没有为了使之成为更连续的一体而刻意修改它们。对于1946年的工作与1953年的工作之间偶尔的重复与不一致，我未做改动。于是，熟悉关于反事实条件句文章或者不打算了解技术细节的读者，会发现本书的第二部分多少是自成一体的；其他读者会发现第一部分本质上没做什么改动，而伦敦讲座则是在此基础上开始前进的。外行和初学者完全可以先读第二部分。

我通篇采用朴实甚至平凡的描述，而不是从各门自然科学中搬来一些更让人头晕的描述，因为我觉得最不能引起人们兴趣的

例子，就是那些最不能使人从正在解说的问题或者原理转移注意力的例子。一旦读者领会了要点，他就能够做出他自己更富有成 xx
效的应用。因此，虽然我举的例子是汽车水箱的冷却和弹子球的颜色，化学书或者物理书中很少讨论这些，但是我所谈的东西是地道的科学哲学。

迄今我们只能处理少数问题中的少数几个方面。为了研究我们不得不分离出科学的一些简单的方面，正如做科学研究不得不分离出世界的一些简单的方面一样；并且与自然科学相比，在哲学中我们处于更初级的阶段。坦率地说，这样做的确过分简化了。但是有意识的和谨慎的高度化简，非但不是智识上的一种罪恶，而且是探究的一个前提。我们几乎不可能立刻研究与其他所有事物都相关联的所有事物。

这四个讲座并非已臻于完美。这只是研究进程中的一个工作报告，我希望这是向前推进的工作。可以把它视为通向很久以后的《表象的结构》的最初思想。但是，要理解本书的工作，无须借助于那部书，也无须符号逻辑的知识。

xxi

1973 年第三版注记

第一版最后一章表述的三条规则，在第二版中缩减为两条，而现在可以恰当地缩减为一条。在第二版中，三条规则中的第二条被舍弃掉，因为我发现此规则用以覆盖的情形，已由第一条规则考虑到了。现在，只要对第一条规则稍加修改，加之明确地认识到在一给定的时间，假说既不是可投射的(projectible)也不是不可投射的(unprojectible)，而是非可投射的(nonprojectible)，原来的第三条规则也是不必要的了。相应地，已经重写了第四章第四节，第四章第五节也作了修改。

对于这一结果以及相应修订，我要深深感谢施瓦兹(Robert Schwartz)和谢弗勒(Israel Scheffler)。我们的合作报告发表于《哲学杂志》1970 年第 67 卷第 605—608 页，题目为“对投射理论的一种改进”(An Improvement in the Theory of Projectibility)。

在对本书进行的广泛讨论中，人们提出了一些有趣的观点。谢弗勒对选择性确证的考察，为汉恩(Marsha Hanen)令人信服的论证铺平了道路：对于确证，所有相似的所谓适当性条件，都是不可缺少的。斯蒂格穆勒(Wolfgang Stegmüller)已纠正这样的观念：波普尔(Karl Popper)学派的“反归纳主义者”(anti-inductivists)逃避了新的归纳之谜。什普利(Elizabeth Shipley)极恰当地指出，对于许多投射，另外一些因素，如投射的重要性、变异性以及休谟的“鲜活性”(liveliness)，都对谓词的加固性(entrenchment of a predicate)做出了贡献。其他作者注意到，在尝试确定反事实句的相关条件时另外存在一些缺陷。不过，由于在此处(I. 2，即第一章脚注2，下同)该尝试是基于其他立场被拒斥的，于是进一步的缺点无伤大体。根据与谢弗勒、亨普尔及卡哈内(Howard Kahane)的讨论，对第二版的问题，有些地方予以保留，有些地方作了澄清。卡哈内确实值得特别“感谢”。具有讽刺意味的是，他通过反例试图消除关于投射的全部理论的不懈努力反而证明，这一公认暂时性的、支离破碎的理论，经过某些修正和简化，变得比我原来想象得更加恰当、更加牢固。 xxii

在讨论这部书时最常见的错误在于没有认识到(1)一个假说的投射状况通常随着时间而变化；(2)即使从史前时就存在的一颗宝石(emerald)*，在保持为绿色的情况下，也可以是格路的；(3)以非实用的方式排除“类格路”谓词的一个主要障碍在于，对于“类格路”缺少无矛盾的定义；(4)第二章对可能性的讨论，不涉及当我们说某物可以或不可以事实上如此这般时所提出的问题，而是涉及当我们说不是事实上如此这般的某物却是可能的如此这般时所提出的问题；(5)因为在任何时候，得到支持的、未被违反的并且未被勘尽的不可投射假说与可投射假说一样多，所以用最适者生存的术语定义可投射假说或者谓词是行不通的；(6)我描述的对归纳的辩护与对演绎的辩护之间的相似性，完全独立于这样的显然的事实：从真的前提出发，有效的、演绎的推断而非归纳的推断总是产 xxiii

* 在此处以及本书第三章中译者把emerald这个词故意译得含糊些，为的是不直接出现表现颜色的字样。其实译成“石头”也可以，也比译成“绿宝石”要好一些。但在本书第四章部分场合中我们仍然直译成“绿宝石”，因为那里有意引入了各种各样的宝石。——译者注

生真的结论。

这些事情，无论是正面的还是负面的，在我的《问题与投射》(*Problems and Projects*，Indianapolis：Hackett，1976 年，第八章)一书中都多少有更彻底的讨论，但不可能综合到本书中了。

除了上面提到的重要改动外，本版中也有多处小的修改，谢弗勒(Samuel Scheffler)为此准备了新的索引。

1983年第四版注记 xxiv

本书不但持续被哲学工作者广泛阅读，而且被认为其意义已经远远超出了归纳问题甚至超出了哲学，这一点特别令人高兴。可投射性不能通过句法和语义加以定义这一结论，对于心理学似乎具有重要启示，并且关于影响究竟是什么，已经激发了热烈的讨论。在我最近的工作中，比如《世界的制造方式》中，这里所发展的对归纳有效性的处理，已经产生了意想不到的结果，因为对许多问题的正当性，包括样本的合理性、表征和设计的正当性，涉及分类(categorization)的正当性。并且因为分类的正当性显然不是发现“自然”种类的问题，而是组织相关种类的问题，所以加固性的角色必须加以考虑。

若干年来，本书作为一种思想刺激剂的效力似乎并未减弱。对它的攻击在数量、猛烈程度或者无效性上并未下降。所有这些攻击都是白费力气。没必要告诫哲学家去阐明经常提出的那些华而不实的宣称为致命的反驳性论证，但应当提醒他们反对这样的观念：以为第四章阐述的理论已经表明，没有什么假说是可投射的；或者只有假的假说是可投射的；或者每种投射都要求无限多的涉及其他假说的决策；或者没有任何新的谓词可以被投射；或者新的归纳之谜根本就不是什么谜。偶尔，在争论过程中本书中的某个观点得到了澄清或者受到动摇，比如，关于可投射性的条件，不是讲伴随着任何未充分加固的假说存在一种不**冲突的假定**，而是讲伴随任何这样的假说压根**不**存在**冲突的假定**。不过，对于多数

这种情况，本书细心的读者无需帮助就能找到自己的足够好的办法。

在本书中提到的下述论文“对投射理论的一种改进”(边码第xxi页)、“对确证的一条质疑”(A Query on Confirmation，见第一章脚注16；见第三章脚注9和11)及“确证理论的弱点”(Infirmities of Confirmation Theory，见第三章脚注11)，连同其他一些相关材料，重印于我的《问题与投射》一书的第八章中。

古德曼(Nelson Goodman)

困　　境

1946

下面的一章源于1946年5月11日在纽约哲学学圈(the New York Philosophical Circle)所作的一次讲座，经若干修改后发表于《哲学杂志》1947年2月号，第44卷，第113—128页。收入本书时文字只有稍许变化。

第一章　反事实条件句难题[①]

1. 问题概览 3

对反事实条件句(counterfactual conditionals)的分析，绝不是语法上的雕虫小技。实际上，如果我们缺少解说反事实条件句的方法，我们几乎就不能声称拥有恰当的科学哲学了。对科学定律的满意定义、有关确证(confirmation)或有关素质术语(disposition terms)(这不仅包括以 ible 和 able 结尾的谓词，还包括几乎所有宾位谓词，如“是红色的”)的满意理论，或许能够解决反事实条件句难题的很大一部分。反过来看，解决反事实条件句难题，也许能使我们回答关于定律、确证以及潜在性(potentiality)之意义等关键性问题。

我并非刻意主张反事实句难题在逻辑学和心理学意义上是这些相关难题中最首要的一个。只要我们能够前进，从哪开始差别并不大。如果对反事实句的研究，迄今为止未能通过这项实用的

---

① 我在许多方面都受益于刘易斯(C. I. Lewis)的著作，感谢他是天经地义的，甚至不必处处提起。

测试,那么其他进路也难有好前景。

那么,关于反事实条件句的**难题**(problem)是什么呢？让我们
4 限制于只考虑前件和后件都始终为假的情形,比如,当我们说到昨天吃掉的一块从未加热过的黄油时,可以说

> 如果那块黄油曾被加热到 150°F,它就会溶化(If that piece of butter had been heated to 150°F, it would have melted)。

考虑真值函数的复合,所有反事实句当然都是真的,因为它们的前件为假。* 因此,

> 如果那块黄油曾被加热到 150°F,它就不会溶化

这句话也成立。显然需要另辟蹊径,难题是,确定在什么状况下某种给定的反事实句成立,而具有矛盾结果的相反条件句不成立。这种有关真的判据必须建立起来,以应对这样的事实:一个反事实句按其本性可以永远不受制于通过实现其前件的任何直接的经验检验。

从一个侧面看,"反事实句的难题"这一名称有误导性,因为此难题独立于一个给定语句碰巧被表达的形式。反事实句难题同样也是事实条件句的一个难题,因为任何反事实句都可以变换成一

---

* 根据数理逻辑中关于"蕴涵"的定义,对于 $A\rightarrow B$,只有当 A 真 B 假时,语句 $A\rightarrow B$ 才为假,其他三种情况下语句 $A\rightarrow B$ 均为真。于是,只要前件为假,不管后件如何,语句都为真。——译者注

个有真的前件和后件的条件句，比如

> 由于黄油没有溶化，于是它没有被加热到 150°F（Since that butter did not melt, it wasn't heated to 150°F）。

此种变换的可能性除了用以澄清我们的难题的本性外，并不很重要。在逆否句（the contrapositive）中出现了“由于”（since），这表 5
明问题的实质是两个子句之间的某种联结关系；这类语句的真值——不管它们取反事实句的形式还是事实条件句的形式或者其他形式——都不取决于子句的真或假，而取决于预期中的联结关系是否成立。认识到变换的可能性，主要有助于集中关注核心问题，并阻止对有关反事实本性的推测。虽然我将通过如此这般考虑反事实句的方式开始我的研究，但必须记住，在不考虑有关子句真或假的任何假定的情况下，一种通解（general solution）或许能够说明所涉及的那种联结关系。

变换对于另一类我称之为“半事实句”（semifactuals）之条件句的效果，值得稍加注意。假如我们说

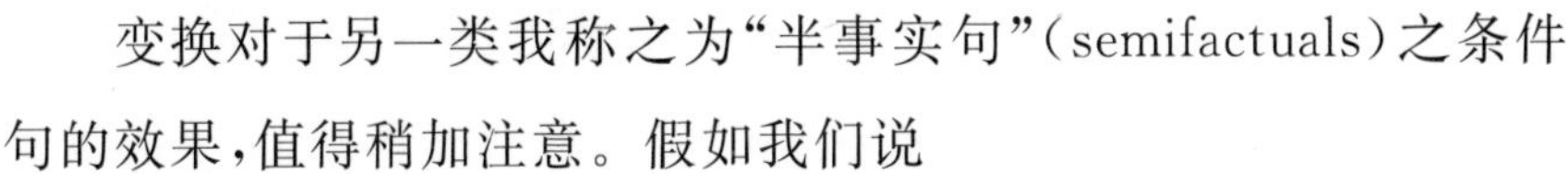

> 即使火柴已被摩擦了，它仍然不会被点燃（Even if the match had been scratched, it still would not have lighted），

我们也会坚定地拒斥逆否句

> 即使火柴点燃了，它也没有被摩擦（Even if the match

lighted, it still wasn’t scratched)

对我们的意思作出了同样好的表达。我们原来试图断言的，不是“非点燃”可以从“摩擦”中推断出来，而是“点燃”不能从“摩擦”中被推断出来。通常，半事实条件句具有否定由相反的、完全反事实条件句所断言之事物的威力。句子

即使火柴已被摩擦了，它仍然不会被点燃

的含义，完全等同于

6 如果火柴已被摩擦了，它就会被点燃

的直接否定。这相当于说，实际上完全反事实句断言前后件之间某种确定的联结关系成立，而半事实条件句否定这一点。[②]因此这就清楚了，为什么半事实句通常与其逆否句不具有相同的含义。

存在各种表征专门问题的专门性的反事实条件句。“反同一句”(counteridenticals)的例子可用下述语句描述：

---

② 半事实句的实际意味因而不同于其字面意味。字面上看，半事实句子与其对应的反事实句不矛盾，只是相对，并且两者都可以为假。（参见本章下面的脚注9，边码第15页）辅助用词“即使”(even)和“仍然”(still)的出现，或者都不出现，也许是一种惯用指示：试图表达的并不是那种字面的意思。

如果我是恺撒(Julius Caesar),我就不会生活在 20 世纪。

和

如果恺撒是我,他就会生活在 20 世纪。

在这里,虽然在两个句子中前件都是关于同一主体(identity)的语句,但是我们给出了两个不同的后件。两个后件假定了同一主体,本身却是不相容的。反事实条件句的另一特别门类是“反比较句”(countercomparatives),其前件有这样的形式:

如果我有更多的钱,……。

这些句子的麻烦在于,当我们试图把反事实条件句翻译成关于两个无时态的、非模态的句子之间某种关系的一个语句(statement) 7
时,我们得到有点类似于这样的前件:

如果“我比我拥有更多的钱”是真的,……。

此句把原来的前件不恰当地表达为自相矛盾的语句。还存在“反法定句”(counterlegals),其前件既可能直接否定一般法则,如

如果三角形是正方形,……,

也可能做出关于不仅虚假而且不可能的特殊事实的假定，如

如果这块方形的糖也是球形的，……。

所有这些种类的反事实条件句都提出了有趣的并且并非不能克服的特殊难题。[③] 为了集中思考与一般性的反事实句有关的主要难题，我通常会以某种方式挑选自己的例子以避免这些更专门的复杂性。

我认为，存在两个主要难题，虽然它们不是独立的，甚至可以把它们看作单独一个难题的不同方面。如果前件和后件之间一定的联结关系成立的话，反事实条件句为真。但是如前面例子显然
8 已经表明的，后件很少单纯依赖逻辑而从前件中导出。(1)首先，联结关系成立的断言，是在假定前件没有声明的一定的境况成立时作出的。当我们说

如果火柴已被摩擦了，它就会被点燃，

我们所指的条件很完备，如火柴制作完好、足够干燥，氧气充足等等，以至于“火柴被点燃”可以从“火柴被摩擦”中推断出来。因此，

③ 对于上面提到的特殊种类反事实条件句，我将在后面讨论反同一句和反法定句时再说一说。对于反比较句，下述程序是适当的：给定“如果我晚到一分钟，我就会错过那次火车”，首先把它扩展成：“我在给定的时间抵达了。如果我比约定的时间晚一分钟到达，我就会错过那次火车。”于是，在此合取中由最后的子句构成的反事实条件句，可以用通常的办法处理。把它翻译成“如果‘我比约定的时间晚到一分钟’是真的，那么‘我错过了那次火车’就是真的”，各部分之间就不会自相矛盾了。

可以认为，我们所断言的联结关系，可以视为把后件与某种合取（conjunction）连接起来，而此合取是前件和其他语句之合取，其中其他语句真实描述了相关条件。特别要注意，我们对反事实条件句子的断言，并不以这些境况的成立为先决条件。我们并不是断言，如果境况成立反事实条件句才为真，而是在断言反事实条件句时，我们承诺描述所要求的相关条件的诸语句确实为真。第一个重要难题是界定相关条件：描述把什么样的句子与前件组合成一种合取，形成一个基础，从中推导出后件。(2)但是即使专门性的相关条件已经刻画清楚了，联结关系之成立通常也不会是一种逻辑必然关系。容许从"火柴被摩擦了，火柴足够干燥，氧气足够，等等"推导出

火柴点燃了

的原理，并不是一条逻辑定律，而是我们所说的自然定律、物理定 9
律或者因果定律。第二个主要难题涉及对这类定律的界定。

2. 相关条件难题

似乎可以很自然地指出，后件根据定律从前件和关于世界实际状况的描述中导出，而我们几乎不需要界定相关条件，因为包含了不相关的条件也不会有什么伤害。但是如果我们说，后件根据定律从前件和所有真语句导出，那么我们遇到了一个直接困难：这些真语句中有一个语句是对前件的否定，于是从前件和所

有真语句中可以导出任何东西。这确实使我们无法区分真假反事实句。

如果我们说后件必然从**某个**真语句集合与前件的合取中导出，我们的境况显然不会好转；因为对于给定的任何反事实前件 A，总是存在一个集合 S，即包含"非 A"的集合，使得从 $A \cdot S$ 中可导出任何后件。（在这里，我通常使用下述符号："A"指前件，"C"指后件，"S"指相关条件语句集合，或者也指这些语句的合取。）

于是，或许我们必须排除逻辑上与前件不相容的语句。但是这是不充分的；因为当考虑到与前件不是逻辑上而是在其他方面不相容的情形时，平行的困难出现了。例如，考虑

如果那个（汽车的）水箱（radiator）结冰了，它就会破裂。

在诸真语句中可以有这样的语句（S）

那个水箱的温度从未低于 33°F

现在作为真的概括我们既有

结冰但从未低于 33°F 的所有水箱会破裂

也有

结冰但从未低于 33°F 的所有水箱不会破裂；

因为不存在这样的水箱。因此，从反事实句的前件和给定的 S，我们可以推出任何后件。

弥补这一困难的自然建议是，规定反事实句不能依赖于空定律(empty laws)，规定联结关系只能根据形如"所有的 x 都是 y"的原理并且当存在某些 x 时建立起来。但是这是无效的。因为如果空原理被排除了，那么下述非空原理用于给定的情况可以得出同样的结果：

> 任何东西，或者是一个结冰的水箱但温度并未低于33°F，或者是一个肥皂泡，破裂了； 11
>
> 任何东西，或者是一个结冰的水箱但温度并未低于33°F，或者是炸药，没有爆炸。*

根据这些原理，我们从讨论中的 A 和 S 能够推出任何后件。

留给我们似乎可以走得通的道路只能是界定相关条件，把它们界定为与 A 既是逻辑上相容又是非逻辑上相容的所有真语句的集合，其中非逻辑不相容(non-logical incompatibility)是指对非逻辑定律的违反。[④] 但是另外一定难题立即浮出水面。在一个由

> 如果琼斯在(were)卡罗来纳，……

* 这两句中英文动词都是 break，中文相应地翻译成"破裂"和"爆炸"。——译者注

④ 这当然提出了更严肃的问题，我过一会就要讨论非逻辑定律的本性。

起始的反事实句中，前件完全兼容于

琼斯不在(is not)南卡罗来纳

以及

琼斯不在(is not)北卡罗来纳

以及

北卡罗来纳加南卡罗来纳等同于卡罗来纳；

但是所有这些连同前件一起构成一个自相容的集合，再次使得任何后件都成为可能。

显然这无助于只要求对于真语句的**某种**集合 S，$A \cdot S$ 是自相容的，并且根据定律可以导出后件；因为这有可能成就反事实句

如果琼斯在卡罗来纳，他就会在南卡罗来纳，

以及反事实句

如果琼斯在卡罗来纳，他就会在北卡罗来纳，

而这两个句子不可能都是真的。

情况似乎是,我们必须进一步精确描述我们的判据,把为真的反事实句刻画成当且仅当存在真语句的某个集合 S,使得 $A \cdot S$ 自相容并且根据定律可以导出后件,而同时要求不存在这样的集合 S',使得 $A \cdot S'$ 自相容并且根据定律可以导出后件的否定。⑤不幸的是,即使这样也还不够。因为在那些真语句中,存在后件的否定 $-C$。$-C$ 与 A 相容还是不相容呢?如果不相容,那么不用 12
附加其他任何条件,A 自己通过定律就必定导出 C。但是如果 $-C$ 与 A 相容(通常如此),那么如果我们取 $-C$ 作为我们的 S,合取 $A \cdot S$将会给出 $-C$。因而,我们建立起来的判据将很少被满足;因为既然 $-C$ 通常与 A 相容,正如引入相关条件的需要所表明的,通常会存在一个 S(即 $-C$)使得 $A \cdot S$ 自相容并且通过定律可以导出 $-C$。

我们的麻烦一部分在于从太窄的视角考虑我们的难题了。我们已经设法界定出条件,在此条件下从一个已知为假的 A,可以导出一个已经为假的 C;但是同样重要的是要保证,我们的判据在我们的 A 和 C 的(真)否定之间不建立类似的联结。因为我们的 S 连同 A 一起可以被选中让我们得出 C,所以似乎没有理由认为 S 必须与 C 相容;并且因为 $-C$ 根据推测为真,所以 S 必然会与之 13
相容。但是我们正在检测,我们的判据是否不但允许我们所关注的真的反事实句,而且排除了相反的条件句。相应地,必须通过刻

⑤　注意,$A \cdot S$ 自相容的要求仅当前件自相容时才能实现;因而我称作"反法定句"的条件句总是为假。对于现在的目的,考察不是反法定句的反事实句,比较方便。如果后面觉得有必要考虑全部或者部分反法定句为真的情况,那么会引入特别规定。

画 S 与 C 和 $-C$ 都相容来修正我们的判据。[6] 换言之，S 本身在 C 和 $-C$ 之间并不做出决断，但 S 连同 A 一起必然得出 C 而不得出 $-C$。我们需要知道 C 为真还是为假。

因此我们的规则可以读作，反事实句是真的，当且仅当存在真语句的某个集合 S，使得 S 与 C 和 $-C$ 相容，并且使得 $A \cdot S$ 是自相容的并通过定律导出 $-C$；但不存在与 C 和 $-C$ 相容的集合 S'，使得 $A \cdot S'$ 是自相容的并且根据定律导出 $-C$。[7] 按这种表述，规则包含一定的冗余成分；但是此时化简并不是关键所在，因为判据仍然是不适当的。

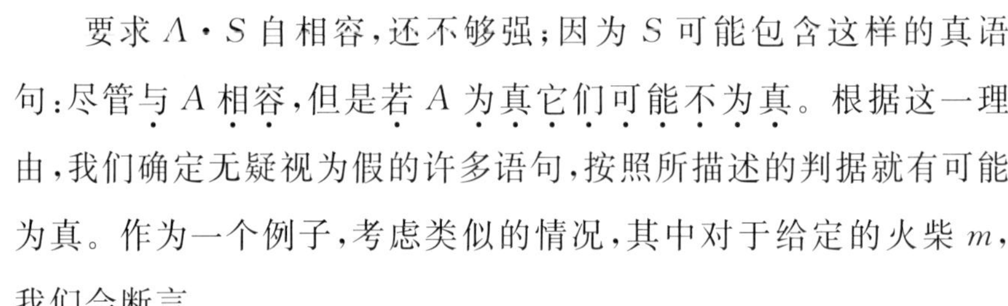

要求 $A \cdot S$ 自相容，还不够强；因为 S 可能包含这样的真语
14 句：尽管与 A 相容，但是若 A 为真它们可能不为真。根据这一理由，我们确定无疑视为假的许多语句，按照所描述的判据就有可能为真。作为一个例子，考虑类似的情况，其中对于给定的火柴 m，我们会断言

---

⑥ 很自然要问，出于类似的理由，我们是否要规定 S 必须与 A 和 $-A$ 都相容，但是这是不必要的。因为如果 S 与 $-A$ 不相容，那么 A 可以从 S 得出；因此如果 S 与 C 和 $-C$ 都相容，那么由 $A \cdot S$ 根据定律不能得出其中一个而不得出另一个。因此，与 $-A$ 不相容的任何语句都不能满足对于一个适当 S 的其他要求。

⑦ 本书第一版出版后，帕里（W. T. Parry）指出没有反事实条件句满足这一公式；因为人们可以永远把 $-(A \cdot -C)$ 当作 S，把 $-(A \cdot S)$ 当作 S'。因此我们必须加上要求：无论 S 还是 S' 根据定律都不能从 $-A$ 导出。当然这并不能缓解上面正文中接下来的段落中阐明的进一步的困难。（参见帕里的"反事实条件句难题再考察"（Reexamination of the Problem of Counterfactual Conditionals），《哲学杂志》（*Journal of Philosophy*），54 卷，1957 年，第 85—94 页，以及我的文章"帕里论反事实句"（Parry on Counterfactuals），同一杂志，同一卷，第 442—445 页。）

(i)如果火柴 m 曾被摩擦过，它就会点燃，

但是会否定

(ii)如果火柴 m 曾被摩擦过，它就不会是干燥的。[8]

根据我们的临时性判据，语句(ii)竟然可以与语句(i)一样为真。因为在语句(ii)的情形中可以把真语句

火柴 m 没有点燃

当作我们 S 中的一个元素，其中此真语句被认为与 A 相容(否则的话不可能要求任何语句连同 A 一起导出真的反事实语句(i)之后件的对立面)。对于我们总体的 $A \cdot S$，我们有

火柴 m 被摩擦了。它没有点燃。它制作完好。氧气充足……，等等；

并且据此，根据合法的一般定律，我们能够推断

它不是干燥的。

⑧　当然，类似于(ii)的某些语句，指称处于特殊条件下的其他火柴，可以为真；但是对所提出的判据的异议在于，这将迫使我们面对许多显然为假的此类语句。对这一观点的表述，我非常感谢怀特(Morton G. White)的建议。

并且,似乎不存在适当的语句 S' 的集合,使得 $A \cdot S'$ 根据定律导出此后件的否定。因而,根据我们的规则,有缺陷的反事实句被建立起来了。麻烦源于在我们的 S 中包含了一个真语句,此真语句
15 尽管与 S 相容,但是若 A 为真它则不真。相应地,我们必须从相关条件集中排除这类语句;S 除了满足已经列出的其他要求外,还必须不但与 A 相容而且与 A 是"联合可守的"(jointly tenable)或者与 A"**协守的**"(*cotenable*)。A 与 S 是协守的,并且合取 $A \cdot S$ 是自协守的,如果不是这种情况:"若 A 为真则 S 不为真。"[9]

作为附带说明,可以指出,条件的相对固定性通常是不清楚的,于是说话人或者作者不得不明确地附加限制性条件或者给出细致的语词线索以便阐明他的意思。例如,下面的两个反事实句通常都会被认可:

如果纽约市在佐治亚州,那么纽约市就会在美国南方。

如果佐治亚州包含纽约市,那么佐治亚州就不可能整个都在美国南方。

然而诸前件逻辑上是不可区分的。实际发生的情况是,表述的方

---

⑨ 在此双重否定不能消去;因为"……若 A 为真则 S 不为真"实际上构成一项更强的要求。如我们在前面的注解(第一章脚注 2,边码第 6 页)中指出的,如果具有相同反事实句之前件的两个条件句使得其一之后件是另一个之后件的否定,那么两个条件句是矛盾的,并且两者都为假。例如,如果每个在其他方面适当的相关条件集——它与前件合取起来通过定律或者导出一个给定的后件或者导出它的否定——也导出其他后件,就会出现这样的情况。

向变得重要了，因为在前一个例子中意思是

> 如果纽约市在佐治亚州，并且佐治亚州的边界保持不变，那么……，

而后者表达的意思是

> 如果佐治亚州包含纽约市，并且纽约市的边界保持不变，16
> 那么……。

如果没有词序对意义的明显提示，对于讨论中的两个后件我们可能相当不确定应当真正倾向哪一个。同样的说明可以解释早些时候提到的反同一句的矛盾对。

现在转向所提出的规则，我既不会对细节提供进一步的校正，也不会讨论 S 与 A 协守的要求对于判据是否给出了某种多余的限定；因为这类事情与此时我们面对的真正严肃的问题比较起来，已经变得不那么重要了。为了确定一个给定反事实句的真值，我们似乎不得不在其他事物中确定，是否存在一个与 A 协守的适当的 S，并且满足一定的进一步的要求。但是为了确定一个给定的 S 是否与 A 协守，我们必须确定反事实句"若 A 为真，则 S 不为真"本身是否为真。但这意味着，要确定是否存在一个与 A 协守的可以导出 $-S$ 的适当的 S_1 等等。因此，我们发现自己陷于无穷后退或者一种循环之中了；因为协守性（cotenability）是用反事实句的术语界定的，而反事实句的意义却要用协守性的术语来界定。

换言之，欲建立任何反事实句，我们似乎首先必须确定另一个反事实句的真理性。如果是这样，我们永远也不可能说明一个反事实
17 句，除非借用其他反事实句，以至于反事实句难题必定悬而未决。

尽管不愿意接受这样的结论，但目前我仍然没有看到对付这个困难的任何办法。人们自然会考虑以另外一种方式整个重新处理反事实句，首先承认，反事实句除了前件外不依赖于任何条件，然后把这些反事实句当作判据，检查相关条件与其他反事实句之前件的协守性，等等。但是，鉴于用一步一步的方法解释即使如此简单的反事实句

如果火柴曾被摩擦了，它就会点燃了

时就遇到了可怕的困难，这种想法似乎从一开始就根本不被看好。

3. 定律难题

更为严重的是早先时候提到的第二个难题：使我们能够以前件和相关条件语句为基础推断出后件的一般语句的本性。这些联结原理（connecting principles）与相关条件之间的区别，是不精确的、任意的；“联结原理”可能与条件语句联结在一起，前件合取（A · S）与后件的关系因而成为一个逻辑问题。但是同样的问题可能出现于能够支持反事实句的原理种类；分开考虑联结原理，可能是方便的。

为了从前件 A 和相关条件 S 的一个适当语句中推断出一个

反事实句的后件，我们使用了一般语句；即对具有前件 $A \cdot S$ 和后件 C 的条件句的扩展(generalization)。[10] 例如，对于情形

> 如果那根火柴已被摩擦了，它就会点燃了， 18

联结原理是

> 被摩擦的、制作完好的、足够干燥的、处于足够的氧气中的等等之每一根火柴，都会点燃。

注意，并非每个反事实句实际上都会受到如此得出之原理的支持，即使原理是真的。例如，假定在欧洲胜利日我的右衣袋里有一组银币。在正常状况下我们不会对于给定的一便士 P 断言

> 如果 P 在欧洲胜利日已处于我衣袋中，那么 P 就会是银质的，[11]

---

[10] 这里所说的“扩展”的意思，可参见亨普尔在其“对确证的一个纯句法定义”(A Purely Syntactical Definition of Confirmation)一文给出的说明，见《符号逻辑杂志》(*Journal of Symbolic Logic*)，第 8 卷，1943 年，第 122—143 页。也可参见后面第三章第三节的内容。

[11] 此例中前件试图表达这样的意思：“若 P，尽管依然不同于在欧洲胜利日事实上处于我衣袋中的东西，已经处于我的衣袋中”，而不是很不相同的反同一句“若 P 等同于在欧洲胜利日处于我衣袋中的诸东西中的一个东西”。虽然多数反事实句(比如依旧看我们熟悉的关于火柴的例子)的前件，就字面上看来，可能作两类解释，但是当想表达反同一句的意思时通常的用法一般要求给出某种明显的暗示。

尽管从

P 在欧洲胜利日处于我衣袋中

19 我们能够根据一般语句

在欧洲胜利日处于我衣袋中的任何东西都是银质的

推断出后件。相反，我们可能会坚持，若 P 在我衣袋中，那么这个一般语句不为真。一般语句将**不**允许我们从反事实句的假定“P 处于我的衣袋中”推断出给定的后件，因为一般语句本身经受不住反事实句的假定。虽然假定的联结原理确实是一般的、真的，并且甚至也许得到各种情况下观察的完全确证，但是它仍然不能支撑反事实句，因为它依然是对偶然事实而非对定律的一种描述。反事实条件句的真理性因此似乎依赖于推断中所要求的一般语句是否为一条定律。如果是这样，那么我们的难题是准确地区分因果定律与因果事实。[12]

为了避免让一个反事实句依赖任何“若前件为真则它不为真”之类语句，由硬币例子描述的难题，就与早先引导我们要求前件与相关条件协守的难题密切关联起来。因为对两个语句协守性的判
20 定，部分依赖于对某种一般语句是否为定律的判定，而我们此时直

[12] 区分定律与非定律的重要性通常被严重忽视了。如果能够给出清晰的区分，这不但对于本文所说明的目的而且对于分析语句（也译作“分析陈述”）与综合语句之间越来越可疑的区分——通常认为需要这种区分——等许多目的，都会有帮助。

接关心的是后一个问题。对于讨论中的真的普遍语句，是否存在某种区分定律与非定律的方法，使得定律成为将支撑反事实条件句的原理？

任何试图借助于因果力的观念作出区分的尝试，都因为不科学而可以立即被打消。并且这一点是清楚的，任何纯粹句法判据都不可能是适当的，因为对于特殊事实的甚至最专门的描述都可以改造成具有任何意欲程度句法普遍性的形式。"书 B 是小的"可以变成"是 Q 的任何东西，都是小的"，如果"Q"代表可以唯一应用于 B 的某个谓词。那么形如

所有黄油在 150°F 都溶化，

的定律与一个真的并且一般的非定律

衣袋里所有的硬币都是银质的，

之间的区别是什么呢？我倾向于认为，首先，当第一个句子被认为是真的之时，它的许多具体情形仍然有待确定，进而，它预言了那些没有被检查的情形会与它相合。相反，第二个句子被认为是当确定了所有情形**之后**对偶适事实(contingent fact)的一种描述，对其任何实例(instances)而言据此谈不上什么预测。这项建议指出了无数个难题，其中一些难题我一会儿就讨论；但它背后的思想不过是，我们用于判定反事实句案例的原理，正是我们决心努力用于判定那些尚未实现的仍然要凭借直接观察的案例的一条原理。

那么，作为一级近似，我们可以说，定律就是用于作出预测的真语句。说定律是用来预测的，当然是一条简单的自明之理，并且
21 我没有声称它是新颖的。我只是想强调休谟的观点：不是因为它是定律一个语句就可以用于预测，而是因为它可以用于预测它才被称作定律；以及不是因为它描述了因果联结此定律才被用于预测，而是因果联结的意义是用预测中所采用的定律的术语来解释的。

对于所有实例的决定，我的意思只是通过其他手段确定或者检测满足前件的所有事物，以判定它们是否也满足后件。关于“实例”(instance)的意义，存在困难的问题，亨普尔教授已经考察过其中的一些。在我们目前的研究中，考虑到我们只关注语句的一个很窄的类别：通过扩展一定种类的条件句得到的语句，其中多数问题被回避了。关于“实例”意义的其余问题在此我不得不忽略。至于“决定”(determnination)，我不是指对真理的最终发现，只是指足够的检验，以判断一个给定的语句或其否定对于所讨论的假说而言是否可以被当作证据。

我们的判据把空洞的原理排除于定律之外。用于支撑反事实条件句的概括不能是空洞的，因为它们必须得到证据的支持。[13]我
22 们的判据如果普遍应用于所有语句，有可能把我们通常不称为定律的许多语句——如单称预测——当作了定律，不过我们目前问题的有限范围使得这一点变得不重要。

---

[13] 如果在前一节中只要求 $A \cdot S$ 是自**相容**的就是充分的话，考虑到规定以 $A \cdot S$ 为前件 C 为后件的条件句的扩展不应当是空洞的，此要求此时可以被消去；但是这一规定不能保证 $A \cdot S$ 的自**协守性**。

为方便起见，我将对满足定律定义的要求但不管真假的语句，用术语“类律”(lawlike)来称呼。因此，定律是既是类律的又是真的语句，但是如我已经描述的，一个语句可以不是类律的却为真的，或者不是真的却是类律的，我们总是从我们的沮丧中学到东西。

现在既然我们作这样的定义，类律性就是一种相当偶然的和短命的性质。只有那些恰好实际上被用于预测的语句，才可能是类律的。一个在预测中被采用的真语句，当它变得已经完全被检验过，即它的每一个实例都不再处于未决状态时，它可能就不再是定律了。那么，定义必须以这种方式被重新表述：一个一般语句是类律的，当且仅当它在所有其实例被决定之前就是可接受的。这可能立即遭到反驳，因为“可接受的”(acceptable)本身是一个颇平凡的素质术语；但我提议只是暂时使用它，并想着通过非素质定义的方法最终消去它。不过，在设法实现这一点之前，在我们暂时性的类律性定义中我们必须面对另外一个困难。

假定适当的概括并不支持一个给定的反事实句，因为那个概括尽管是真的却不是类律的，比如：

　　我衣袋中的所有东西都是银质的。

为了得到一条定律我们所要做的一切就是，从策略上拓宽前件。比如，考虑这样的语句 23

　　处在我衣袋里的、或者是一角硬币的所有东西，都是银质的(Everything that is in my pocket or is a dime is silver)。

由于我们没有检验所有的一角硬币,所以这是一个预测性语句,并且因为假定为真而可能是一条定律。如果我们此时考虑我们原先的反事实句,并选择我们的 S 使得 $A \cdot S$ 是

P 在我衣袋里。P 在我衣袋里或者是一角硬币,

那么,刚构造的拟定律(pseudo-law)可以用于从"P 是银质的"这个语句进行推断。因此,非真的反事实句被建立起来。如果某人宁愿避免条件语句的处理方式,那么同样的结果也可以通过使用一个新的谓词"戴莫"(dimo)——表示"在我衣袋里或者是一枚一角硬币"——而得到。[14]

我认为,需要作出改变,使得类律的定义可以这样表述:一个语句是类律的,如果它之可接受(acceptance)并不依赖于任何给定实例的确定。[15] 自然,这不意味着可接受独立于所有实例的决定,
24 只意味着不存在特殊的实例使得可接受依赖于此实例的决定。这一判据,根据"可接受性要求知道这本书是否为黑色的"这样的理

[14] 除了我们关注的特殊类别的联结原理,要注意,在已表述的类律判据下,任何语句都可以被扩展成一种类律形式;比如,给定"这本书是黑色的",我们可以用预测性语句"这本书是黑色的并且所有橙子都是球形的",来论证这本书的黑色是一条定律的后件。

[15] 若如此表述,此定义会把一些空洞的原理算成了定律。如果用"给定的实例类"来表述,那些空洞的原理就将是非定律了,因为它们的接受取决于空类实例(null class of instances)的确定。对于当下的讨论,两种形式差不多一样好。

由，从定律类别中排除了形如

那本书是黑色的并且橙子是球形的

之类的语句；根据“可接受性要求确定我衣袋中的所有东西”这样的理由，此判据排除了

在我衣袋中的或者是一角硬币的所有东西，都是银质的。

进而，此判据，根据“可接受性可能取决于确定或者了解有关第 19 号弹子球已另外获得的知识”这样的理由，排除了形如

这个袋子中除了第 19 号球以外所有的弹子球，都是红色的，并且第 19 号球是黑色的

这样的语句。事实上，所提出的判据中涉及的原理，是相当有力的原理，并且似乎排除了多数有争议的情况。

不过，对于一个句子的可接受性的概念或者它的可接受性**依赖于**或者**不依赖于**某种给定知识的概念，我们仍然必须代之以此种依赖性的一种实证定义。很清楚，说一个给定语句的可接受性
依赖于一定种类或一定量的证据，相当于说给定此种证据，语句的 25
可接受性，同未彻底检验之语句的可接受性的某种一般标准相一致。于是，人们自然转向有关归纳和确证的理论，以了解那些突出因素或者境况，来判定一个语句在没有完备证据的情况下是否是

可接受的。但是，有关确证问题的出版物不但没有清楚地区分可确证的与不可确证的语句，而且也很少认识到还存在这样一个难题。[16]不过，显而易见，在某些形如

我衣袋中所有的东西都是银质的

或者

20 世纪美国的任何一位总统的身高都不会处于 6 英尺 1 英寸和 6 英尺 1.5 英寸之间

的句子中，无需检验所有正面结果，只需检验单个实例，就会引导我们接受这个句子和预测，认为余下的实例会与此相一致；而对于另外一些形如

所有的一角硬币都是银质的

或者

所有的黄油在 150°F 都会溶化

[16] 此时以及在后面的段落中讨论的要点，在我的短文"对确证的一条质疑"(A Query on Confirmation)中有更详细的处理，见《哲学杂志》，第 43 卷，1946 年，第 383—385 页。

或者

由这粒种子繁殖出来的植物的花朵都将是黄色的

的句子，甚至正面确定了若干个实例，就可以引导我们有信心接受该句子，并作出与此相一致的预测。

这就使得人们心怀某种希望，以为这类情况可以通过对目前 26
确证理论的充分细心的和复杂的阐述得到处理；但是，无视区分可确证的与不可确证的句子这一难题，已经使多数确证理论面对更具破坏性的初等类型的反例。

假定我们给袋子中 26 个弹子球标上字母，字母仅用作专名(proper names)，没有顺序上的含义。进一步假定，我们被告知，除了 d 球以外所有球都是红色的，但我们不知道 d 球是什么颜色。根据通常类型的确证理论，这会对语句

$$\mathrm{R}a,\mathrm{R}b,\mathrm{R}c,\mathrm{R}d,\cdots,\mathrm{R}z$$

提供很强的确证，因为已知 26 种情况中有 25 种是支持此语句的，并且没有发现一个不支持的情况。但是不幸的是，同样的论证可能表明，恰好是同样的证据可能同等确证

$$\mathrm{R}a,\mathrm{R}b,\mathrm{R}c,\mathrm{R}e,\cdots,\mathrm{R}z\ ,-\mathrm{R}d,$$

因为我们仍然有 25 种情况是支持的并且没有发现不支持的情况。

因此，"Rd"和"－Rd"得到同样证据的同等确证并且是强烈确证。如果要求我用单个谓词代替第二种情况中的"R"和"－R"这两者，我会采用"P"，含义为

> 处于袋子中，并且，或者不是 d 且为红色，或者是 d 而不为红色。

那么，对于

> 所有的弹子球都是 P，

证据是，有 25 种情况提供了正面支持，由此得出 d 是 P，并且因此 d 不是红色的。什么样的语句可确证的问题，只不过变成了一个等价的问题：从已知的情况到未知的情况什么样的谓词是可投射的。

27 到此为止，我发现，还没有办法对付这些难题。可是，如我们所见，对于我们目前的目的，迫切要求有某种解决办法；因为只有当接受一个语句的意愿涉及可被检验的实例的预测时，可接受性才赋予那个语句权威性以控制不能被直接检验的反事实句的情况。

那么，结论是，关于反事实句的某些难题，依赖于协守性的定义，而这转而依赖于对那些难题的先期解决。其他难题要求对定律的一种适当的定义。这里提出的对定律的临时判据是，理智上满意地排除了不想要的语句类型，并且把我们难题的一个方面有

效地归结为，如何界定在什么情况下一个语句是可接受的这件事，独立于对任何给定实例的确定。但是，对于这个问题，我不知道如何解答。

投　　射

1953

接下来的三章，是1953年5月21日、26日和28日在伦敦大学所作特别哲学讲座讲稿的某种修改稿。三章中的第一章，于1953年12月2日在哈佛大学重新讲过一次。所有这三篇在此都是首次发表。本书的“导论性注记”（参见边码第xvii—xxv页）中已经提到这三章与第一章之间的关系。

第二章　可能者的流逝 31

1. 前言：论哲学良知

在生活中，我们的麻烦通常出自我们的放纵；而在哲学中，我们的麻烦却源于我们的克制。然而，倘若没有享受，生活就不值得体验的话，那么没有约束，哲学几乎就不能存在。哲学难题是一种召唤，要求在一种可接受的基础上提供适当的说明。如果我们存心默认一切都已搞清楚了，那么也就没什么有待说明了；而如果我们尖酸地认定哪怕是暂时地认定任何事物都搞不清楚，那么也就无法给出任何说明了。什么东西会诱惑我们而成为一个难题，以及什么东西会令我们满意而成为一种解答，将取决于我们在业已清楚的东西与仍有待澄清的东西之间画出界线。

不过，我觉得恐怕我们现在无论如何还不曾接近拥有任何可靠的一般原理，来画出这条界线。当然在此地以及在这些听众面前，我不需要数落意义之证实理论（verification theory of meaning）的悲剧历史。[①] 对意义与胡说进行区分这项英勇之举的失败，

---

① 当然，我这里暗指艾耶尔（A. J. Ayer）为了构造此理论花了不少心血却不成

好比整理正确与错误之间的差别所做的各种有价值努力的失败一
32 样，在某种程度上已经鼓励了“怎么都行”的放荡教义。无论怎么行事都是对的，这种堕落的箴言，有其对应的主张：无论怎么做都是清晰的。如此粗野的实用主义值得提起，只是因为它似乎颇为流行。我对我采纳的用来作出有用计算或预测的工具的*理解*，可能并不比家庭主妇对她所驾驶的往家里运送杂货的汽车的理解，好到哪里去。一个概念的效用，并不见证它的明晰性，而见证用以澄清它的哲学的重要性。

在缺少关于“何为清晰”的任何方便、可行的判据的情况下，作为个体的思想者只能反省其哲学良知。说到良知，它难以捉摸、变动不居，当面对困苦和诱惑时它又极易保持沉默。最多，它能给出专门性的判断，而不会是一般原则；而不同时刻由不同人做出的正直的判断，可以各种各样、差别很大。的确，求助于良知，简直相当于放弃为这些基本判断辩护的任何观念。对于这些判断，除了细心提炼并大声宣告以外，我们所能做的，就是诋毁任何可能的竞争者。如果你的良知比我的良知更自由一点，我就会称你的某些
33 说明是含糊的或者是形而上学的，而你会把我的某些难题视为无

功的尝试，见他的《语言、真理和逻辑》(*Language, Truth, and Logic*，伦敦，1946 年，第5—16 页；第 35—42 页)。对此问题紧凑而综合性的考察，参见亨普尔的文章“意义之经验论判据中的难题与变化”(Problems and Changes in the Empiricist Criterion of Meaning，见《国际哲学评论》(*Revue Internationale de Philosophie*)，第 4 卷，1950 年，第 41—63 页)。有意义性(meaningfulness)的证实判据，的确被视为一个确定性的基础，排除了一大堆哲学垃圾。但是，找到一个公式，使得它在胜任此事的同时没有排除大量完全值得尊重的科学理论，却显得异常困难。对此难题不相称的强调，已导致对未能解决此难题之后果的明显夸大。缺少关于善的一般理论，并不能把罪恶变成美德；而缺少关于意义的一般理论，并不能把空洞的言辞变成光彩照人的论说。

足轻重的或者异想天开的而加以摒弃。

所有这一切都是一种铺垫，为的是可以断言，若不加以说明，权能（powers）或素质、反事实句主张、可能而不真实的构体（entities）和经验、中微子、天使、魔鬼以及类（classes），对我来说似乎是不可接受的一些东西。至于其中最后一项，我在别的地方会有许多话要说，[2]而在这些讲座中我不会专门处理它。我会相当随意地使用类的语言（language of classes），因为我们现在已经有办法就有关类的最常规语句，给出令人满意的解释，并且我不想立即把摊子铺得太大。我的列表中某些其他项目，如天使与魔鬼，很少进入我们的日常话语或者科学讨论，于是可以耐心地多等一会儿再去说明。至于中微子和其他某些物理学粒子，我认为它们目前还处于哲学视线之外。但是，素质、反事实句和可能者（possibles）这些相互关联的难题，则是知识论和科学哲学中今日仍困扰我们的最紧迫、最普遍的难题。我想在这些讲座中讨论的，正是这一簇难题。

我列出的可疑概念表单，当然是很不完备的。我的其他一些偏见，我将会借助于公开放弃对所提到之问题寻求一种解答而显
现出来。例如，我将不会坚持因果联结与偶然关联（accidental 34
correlations）之间的区别，或者坚持本质种类与人工种类（essential and artificial kinds）之间的区别，或者坚持分析陈述与综合陈述之间的区别。你们可以高声反对其中的某些顾忌，并且断言，

[2] 见我的书《表象的结构》（*The Structure of Appearance*，第 3 版，Dordrecht：D. Reidel，1977 年），第 2 章，第 2—3 节，以及所那里引用的文章。

在我的哲学所能设想的东西之外事实上还存在更多的东西。不过，我所关注的倒是，我的哲学所设想的东西，不应当多于事实上存在的东西。

今天，让我们首先简要考察一下反事实句难题，然后是素质难题，最后是可能构体难题。作如此排列的理由，随着我们讲座的进行，将会变得较明显。

2. 反事实句

从说话的一般习惯，从哲学中最近的一种趋向，以及从对于我们想用反事实句的形式讨论素质和可能构体而言在表述上相对容易来考虑，我们从反事实条件句切入话题非常自然。现在，我认为，我们中很少有人还宁愿认为反事实条件句——虽然读起来令人印象深刻——本身提供了一种不必作进一步分析的说明。当考察不动产的价值是什么意思的问题时，法定的见解可能与这样的声明是一致的：其价值就是，假如一个自愿出售者把此财产卖给一个自愿购买者，它成交的价格；但是哲学家（至少我就会这样）会认为这是对问题的重新表述，而不是对问题的回答。

不过，把形如

35 k 在时刻 t 是柔韧的，

的语句，代换成形如

若 k 于时刻 t 处于适当的压力之下，那么 k 会弯曲

的语句，显然相当于向清晰性迈进了一步。素质术语“柔韧的”(flexible)在不引入任何诸如“可能的”之类麻烦词语的情况下被消去了；只有非素质谓词表面上保留着，尽管它们带有模态曲折变化的形式而略微令人讨厌。进而，反事实句的表述似乎至少在初步分析中已经发挥作用了，因为条件句是由更简单的语句构成的。的确，如果我们把反事实条件句表述为

如果命题“k 于时刻 t 处于适当的压力之下”是真的，那么命题“k 在 t 时刻弯曲”就是真的，

那么模态就从谓词中消去了，并且我们可以集中关注于在两个简单陈述句之间声称成立的关系。因此，通过转移到语句之间关系的层面，我们认为，我们已经把一个本体论难题转换成了一个语言学难题。[③] 我们自己也会有心无心地期望，对通常的陈述性条件句的真值函数处理，某种程度上可以成为分析反事实句的有益模型。我认为，所有这些因素，连同找到办法一举处理掉一整套交织的难题的指望，在过去的几年中都极大地刺激了人们对反事实条件句的哲学兴趣。

坦率地说，反事实句的真值(truth-value)并不单纯由其子句 36

③　参见怀特(Morton White)“本体论的清晰性与语义学的模糊性”(Ontological Clarity and Semantic Obscurity)一文中的讨论，见《哲学杂志》，第 48 卷，1951 年，第 373—380页。

的真值导出；因为由于每个反事实句的前件和后件都是假的，[④]于是所有的反事实句根据任何真值判据都会有相同的真值。反事实联结，必须以某种非常不同的方式加以界定。当然，有些哲学家宁愿把反事实句当作进行推理的规则或者许可证，而不是把它们视为可以为真或为假的语句。但是，不管我们是试图区分真语句与假语句，还是区分有效许可证与无效许可证，其任务都是发现必要且充分的条件，在此条件下将前件和后件耦合在一起的反事实句是有根据的。

真的反事实条件句的各子句之间的关系，很少是一种逻辑蕴涵关系。语句

火柴 m 在时刻 t 点燃

并不根据任何熟悉的逻辑原理从语句

火柴 m 在时刻 t 被摩擦

导出；关于火柴，要求一种一般的物理原理。但是，两项困难出现了。

第一个问题是，当被摩擦时火柴并非总是点燃。仅当前件的境况适合时，它们才点燃。为了指称方便，让我们用 S 代表反事

④　虽然此处我在很窄的意义上使用“反事实句”一词，但为了方便通常把前件假、后件真的“半事实句”也当作反事实句对待。

实语句

如果 m 在时刻 t 被摩擦，那么 m 就会点燃。 37

S 不仅仅断言若境况适当火柴则点燃；S 断言境况**是假定**适当的。反事实句是真的，当且仅当前件连同关于前件境况的相关真语句，依照一条真的一般原理，可以导出后件。但是，什么语句是相关的？在 S 一句中，时刻 t 关于 m 的所有真语句显然不是相关的；因为其中某些（如“m 在时刻 t 没有被摩擦”，以及“m 在时刻 t 没有点燃”）与前件不相容，或与后件不相容。我们随后发现，还需要排除其他一些情况；在得出本身不是反事实句并且因而也不是循环论证的有资格的公式过程中屡遭挫折之后，我们终于认识到，这方面的难题非常棘手。[⑤]

第二个问题是，并非每个真的一般原理都能支持反事实条件句。此时这间屋子里的每个人都没有冻僵，这是真的。此时这间屋子里的每个人都是讲英语的，这也是真的。现在考虑某个爱斯基摩人，此时他在北极区的某个地方快要冻死了。如果他此时处在这间屋子里，那么他就不会冻僵，但是他不会讲英语。是什么造
成了这一差别？我们可能说，关于避免冻僵的概括表达了一种因 38
果关系，或者它是从一条**定律**得出的，而关于通晓英语的概括仅仅偶适为真或者恰巧为真；然而，界定这种差别却是一件细致的活

⑤　但是在已发表的关于反事实的讨论中这一点被忽略了。相关条件的难题——最准确的表述是协守性的难题（见第一章第二节）——并不像某些作者推测的那样，以任何既定的、显然的方式归结为关于定律的难题。

计。因为我们不久还会遇到这个问题，此刻我就不进入细节了；但是关于反事实句的这个第二方面的问题与第一方面的问题类似，实在十足可怕，已经挫败了许多试图解决它的细致尝试。

这些困难以及尝试对付它们时所遭受挫折的清晰记录彻底打消了我们当初的希望，原来希望通过研究反事实条件句找到解决我们难题的一条相对容易的进路。要解决反事实句难题，我们仍然有很长的路要走；[6]而这一回，我们可以准确尝试另外一条路径。我们在数年接连在同一面墙上撞头并且在同一条死胡同里急切地追寻之后，仅仅出于心理上的考虑，我们就应当欢迎在策略上来点变化。不过，我认为至少有两条较好的理由，可以使我们暂时把注意力转到素质问题上来。

第一，在处理反事实句时，我们更看重的不是说了什么，而是如何说的。我们明显地使自己关注语句的形式；而我们寻求的分
39 析模式很大程度是受条件句的结构支配的。这种结构，虽说它外表看起来是一种有价值的帮助，实际上可能变成一种障碍。素质语句是描述性的并且在形式上是简单的，恰好由转向考虑素质语句导致的去分析（disanalysis），把我们解放出来，使我们能够探索一种更好的分析方案。

第二，我觉得素质难题确实比反事实句难题要简单些。这听起来颇奇怪，因为素质语句与反事实句语句之间显然是完全可变

[6] 并非只有我一个人持有这种见解。比如，齐硕姆（Roderick Chisholm）在《哲学和现象学研究》（*Philosophy and Phenomenological Research*）杂志1953年第14卷第120页就我论反事实句的文章写道："我认为，我可以放心地说，关于这个困难的哲学问题随后发表的大量材料，迄今未有实质性突破。"

换的；不过，结果是，普通的素质语句通常对应于弱得离谱的反事实句。假定 w 是处于给定的较短时段内的一块干木头。我们通常假定，形如

w 是易燃的

的语句，相当于形如

如果 w 被加温到足够热，它就会燃烧

的某种正常的反事实句。可是，一旦我们看得再仔细些，我们可以容易地描述境况——比如 w 附近缺少氧气，在此情况下，素质语句为真而反事实句为假。为了不使翻译过程导致如此差异，我们就得被迫回到某种类似

如果所有条件都适合并且 w 被加温到足够热，它就会燃烧

一样的懦怯的反事实句。非常精略地说，素质语句只讲述了关于 w“内部状态”的事情，而我们原来的反事实句此外还讲述了关于周围境况的事情；但是重要的一点是，素质语句较弱。而在区别不大的地方，可能存在某些障碍，此时正阻挡着我们的道路。

于是，这些就是暂时放下反事实句、看看关于素质难题可以做点什么的一些理由；但是我绝不是在暗示这种重新定向本身就解 40

决了问题或者开启了通向进步的康庄大道。

3. 素质

一件事物除了它所展示的可观测性质和它所进行的过程外，它也充满了征兆和允诺。一件事物的素质或者能力——它的易弯曲性（挠性）、它的易燃性、它的可解性——对我们而言相对其外在行为并非无足轻重，相反，比较而言它们给我们的印象是相当微妙的。于是我们转而探讨，我们能否彻底地把它们搞清楚，也就是说，在不求助于神秘能力（occult powers）的情况下我们能否说明素质术语。

或许在一开始我们就应当注意到，许多谓词是素质的，这比我们有时设想的要多。指示性的后缀“ible”或“able”（能……的）并非总是出现。说某物是坚硬的（hard），如同说它是易弯曲的一样，是指作出了一个关于潜在性的语句。如果易弯曲的物体是指在适当的压力下能够弯曲的东西，那么坚硬的物体是指能够抵御多数其他物体磨损的东西。并且同理，红的东西是指在某种适当的光照下能够显现出一定红色的东西；而立方的东西是指能够以某种
41 方式拟合矩尺和测量仪器的东西。的确，通常被设想为描述了某物的一种持续的客观特征的几乎每一个谓词，某种程度上都是一种素质性谓词。要寻找事物的非素质谓词或明证（manifest）谓词，我们必须转向那些描述事件的谓词，如“弯曲”、“打碎”、“燃烧”、“溶解”、“看起来像橘子”或者“检测为方形的”。应用这样的谓词，就相当于说，针对讨论中的事物，某种专门的事情实际发生

了;而应用素质谓词则只相当于说可能发生什么。[⑦]

不过,我现在发现,把素质难题视为用明证的词语说明神秘性质的难题,某种程度上是误导的。因为我们刚描述的明证性质,甚至也很难用来刻画我们宇宙的要素。存在易燃的东西和燃烧的东西,但是我不想说存在具有可燃属性或燃烧属性这样的构体。谓词"燃烧"(burns)类似于谓词"易燃的"(inflammable),是一个单词或者用于一定实际事物的标牌,并且在外延上具有这些事物的类别。这些谓词的使用,并不蕴涵它们指示(designate)属性构体;[⑧]谓词仅仅概指(denote)它们所适用的事物。素质谓词,像明证谓词一样,只是适用于实际事物的术语;在其外延中它不必包含 42
非实际的东西。

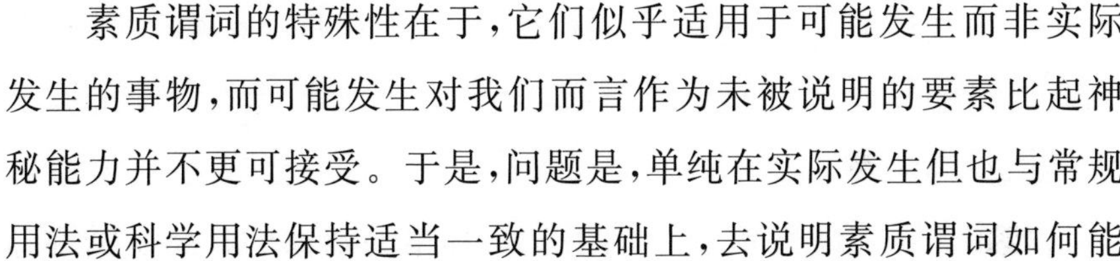

素质谓词的特殊性在于,它们似乎适用于可能发生而非实际发生的事物,而可能发生对我们而言作为未被说明的要素比起神秘能力并不更可接受。于是,问题是,单纯在实际发生但也与常规用法或科学用法保持适当一致的基础上,去说明素质谓词如何能

⑦　我并不幻想这一点构成了素质谓词与明证谓词之间区别的一种适当的界定。的确,这种区别,类似于原始术语与被定义术语之间的区别,可能纯粹是相对的。比如谓词"弯曲"在现象论体系下可以是素质的;并且不存在对于所有体系都是明证的术语,如同不存在对于所有体系都是原始的术语一样。因此,基于何种谓词被选中为明证的,上面正文中勾画出的特别区分,或许最好被看作被选中的一种区分,以便以一种方便、自然的方式描述构造素质谓词的一般问题。

⑧　关于谓词的非指示角色,参见蒯因(W. V. Quine)的各种文章,最新的论文 I 和 II 见他的《从逻辑的观点看》(*From a Logical Point of View*),美国麻省剑桥和英国伦敦(Cambridge(Mass.) and London),1953 年。不过,读者对蒯因的观点表示赞同,对于我目前的目的来说并不重要。我上面主要关注的是,指出关于素质谓词的问题并不源于它们不能行使由明证谓词所行使的某种指示性功能。

够被指派给事物。换言之,我们想要的是,用实际发生术语——即用明证谓词术语——表述的素质谓词对事物之正确指派的一种判据。

显而易见的第一种建议是,素质谓词只是一件事物全部历史的某些特定方面的一种总结性描述。说一个物体是易弯曲的,因此被认为是说,无论在怎样的适当压力下它总是会弯曲。但是,这种过分简单的建议中的缺陷是众所周知的。它导致的结局是,甚至会把易弯曲性赋予在任何适当的压力之下都不弯曲的最刚性的
43 物体;因为此物体当处于适当的压力下在所有那些场合(一种都没有)都会弯曲。并且这一建议与此事实不符:在各种时间都处于适当压力下并且在所有这些时间都弯曲的一个物体,却可能在其他时间是不易弯曲的,比如说在温度很低的情况下。总之,一个从没有弯曲过的东西却可能是易弯曲的;而一个易燃的东西却可能从来都不曾燃烧过。

在此关头,熟悉的并且不可避免的建议是,假定若施以适当的压力就弯曲,那么这个东西是易弯曲的,虽然它从没有弯曲过。不过,这样一来,我们不再把自己限制于实际发生的事情,也可以讨论在某种可能条件下虚构发生的事情。进而我们发现,这种翻译素质语句的方式通常是不准确的,并且把反事实句难题换成素质难题无论如何理由不充分。让我们看看某种更有前途的路子吧。

在处理某种特定的素质时,比如易弯曲性,我们可以从“弯曲”(bends)和“处于适当的压力下”((is) under suitable pressure)这样的谓词出发。如果在某个时刻两者都成立,那么谓词“在适当压

力下弯曲”就成立；当“弯曲”不成立时，不管“处于适当的压力下”怎样，谓词“在适当压力下没有弯曲”都成立。为简明起见，我们可以把我们的东西取作持续时间不长的物质对象，此种对象的时间 44
片段要足够短暂，使得当对象处于适当压力下，没有任何时间片段覆盖两个分离的场景。于是我们也可以把“在适当压力下弯曲”缩写成“屈曲”(flexes)，把“在适当压力下不弯曲”缩写成“不屈曲”(fails to flex)。

现在“屈曲”和“不屈曲”是互斥的，并且它们合起来穷尽了处于适当压力之下事物的范围；但是都不适用于范围之外的任何事物。因此，从“屈曲”不能适用于一种事物这一事实，我们一般不能推断出“不屈曲”就适用。不过，在处于适当压力之下这样的事物范围内，两个谓词不但有效地作用于二分法，而且与“易弯曲的”和“不易弯曲的”精确地吻合。于是可以说，素质谓词所做的就是，将这种二分法投射到事物的更广泛类别或者普适类别；并且因此谓词“易弯曲的”可以被视为谓词“屈曲”的一种扩张或者投射。问题是，单纯使用明证谓词来定义此种投射。

每个人都知道，我们时常被告知，不处于压力之下的一种东西被称作易弯曲的，如果它与弯曲的东西属于同样种类的东西；或者换言之，如果对处于适当压力的事物中，“屈曲”适用于种类 K 中所有东西并且只适用种类 K 中的东西，那么“易弯曲的”适用于种类 K 中所有东西并且只适用种类 K 中的东西，不管它们是否处于适当的压力之下。事情不可能更简单，或者更晦涩难懂。因为只是何时两种东西是同一种类别的？仅仅属于某个单一类别，还不够；因为**任何**两种东西都属于某个单一的类别。而属于所有的

同样的类别，又太过头了；因为两种东西不可能属于所有同样的类
45 别。那么也许，属于同样的种类就意味着，具有同样的“本质”（essential）特征？我将赦免你们对“本质”（essentiality）概念的嘲讽，并且只作这样的评论：即使我们视本质的与偶然的之间的区分为理所当然，在目前的语境下它也不能帮太多忙。因为只要当我们的问题是用明证明谓词给出一种说明时，我们就可以容易地发现，只有素质谓词是本质的，而所有明证谓词是偶然的。[9]

此时关键不是一种特征如何本质，而是它如何与我们所由开始的明证特征相互关联起来。如果某个其他明证特征某种程度上与屈曲紧密联结，不仅仅是它的因果性伴随，那么通过一个事物不处于压力之下这些特征的展现，将构成理由，视此事物为易弯曲的。换言之，我们可以定义“易弯曲的”，如果我们发现一种辅助性的明证谓词，它通过“因果”原理或**定律**与“屈曲”适当地关联起来。素质问题就是，界定这里涉及的联结的本性：此问题就是刻画一种关系，使得如果初始明证谓词“Q”与另外一个明证谓词或明证谓词“A”的合取处于这种关系之中，那么“A”可能被等同于谓词“Q”的素质配对物“Q的”（Q-able）或“Q_D”。但是，此种“因果”联结何时成立的问题，或者定律如何与偶然真理区分开来的问题，是特别复杂的事情。

46 在此严酷的图景中，我们可以发现一处令人略感安慰的地方。

---

⑨ 因为事物的本质特征通常被认为是持久的，并且在正常情况下我们正是把表达持久性特征的谓词视为素质的。因此，那些建议使用类别——是用事物微观世界的结构的术语定义的——的手段处理素质问题的人，通常在做循环论证；因为他们需要用来描述这些结构的那种谓词，就处在他们试图要说明的素质谓词当中。

首先观察到，一般问题的解决，将不会自动为我们提供有关每个素质谓词的一种定义；为了发现满足一般公式的——即以一种必要的方式与初始明证谓词相关联的——辅助谓词，我们需要额外的专门知识。但是另外一方面，对于一个给定的素质谓词，发现一种适当的定义，不需要在各个方面都等待一般问题的解决。如果运气好或者找到充足的专门信息，我们确信的明证谓词“P”在其应用中与“易弯曲的”相重合，那么我们就可以用“P”作为“易弯曲的”的定义，不需要进一步考察它与“屈曲”之联结的本性。这一点需要记在心里，因为在任何探究中，甚至是在目前的探究中，我们有时可以发现，如果能够定义一种特别的素质谓词，就等于取得了重要的进展。在此情形下，缺少一般公式不应当阻挡我们真正尝试定义问题中的谓词。

当然，某些人提出反对意见，认为努力定义常规的物质素质术语，在哲学上是不道德的。[⑩] 据说，科学家从不定义这样的术语；他随着他学到越来越多东西而部分地、渐进地刻画它的含义。47
那么，为了准确表征科学过程，我们应当通过公设的方式把这些术语作为原始术语引入，并且如果需要就增加新的公设。[⑪] 这对我

⑩　这里和后面段落中讨论的观点现在颇流行，以至于我感觉此处必须加以处理，即使代价是离开我们探讨的主题。参见卡尔纳普，“可检验性和意义”(Testability and Meaning)，见《科学哲学》(*Philosophy of Science*)，第3卷，1936年，特别是第449页；卡普兰(Kaplan)著“意义的定义与刻画”(Definition and Specification of Meaning)，见《哲学杂志》(*Journal of Philosophy*)，第43卷，1946年，第281—288页，而我对此文章的评论见《符号逻辑杂志》(*Journal of Symbolic Logic*)，第11卷，1946年，第80页；以及亨普尔著《概念形成的基础》(*Fundamentals of Concept Formation*)，芝加哥，1952年，第28—29页。

⑪　把术语引入到一个系统中只有两种方式：(1)作为原始术语，(2)通过定义。在上一条脚注提到的卡尔纳普文章中的段落，已经给人这样的印象，存在一种新的、第三

所说的一般的素质问题不构成压力，只对定义专门的素质术语构成压力；而即使在这里，我觉得似乎也有问题。就我的思考方式而论，哲学的功能主要是阐释科学语言和日常语言，而不是描绘科学过程或日常过程。而阐释必须重视术语的系统化运用，但它不必反映它们前系统化采纳的方式或顺序；然而它必须寻求最大的一致性和明晰性。因此，合法并充分鼓励尽可能通过定义而不是原始术语的方式给说明性话语引入术语，好处是比较经济，并且由此得到的结果更加一体化。我们最好忍住，在说明性话语中不去定义术语，除非那个术语习惯上是由科学家或外行定义的，这就好比哲学不应当是一致的，除非它描述的实在是一致的，这两者的论证是类似的。人们同样可以争论，哲学不应当用英语来
48 书写，因为世界不是用英语写成的。不定义素质术语，并不构成正面优点。

有时人们也会争论，认为甚至定义最普通的素质谓词也会极为困难，以至于如果我们除了通过定义把它们引入我们的系统之外拒绝使用其他手段，我们就会被迫完全放弃引入它们或者使用暂时性的定义，这些定义不久后就不得不撤回。这种看法忽略这样一个事实，我们准备为给定素质谓词建立还原公设时，我们总会有办法为更受限制的素质谓词建立定义。比如，展现出给定的光

种引入术语的方法：借助于还原命题（reduction sentences）。比如在第443页卡尔纳普写道："如果我们希望为科学重构一种语言，我们就不得不把某些描述性的（即非逻辑的）术语当作原始术语。那么，进一步的术语不但可以通过显示定义还可以通过其他还原语句加以引入。通过物理还原……引入的可能性对科学而言非常重要，但是到目前为止在科学的逻辑分析中尚没有引起充分的注意。"这种说法颇具误导性；因为通过还原公设的方式引入一个术语，就是把它当作一个不可消去的原始术语加以引入。

谱模式是一种东西易弯曲性的一种良好迹象，并且我们仍然想为其他检测留有余地，当既没有适当的压力也没有光谱检查可运用时，那些检测可能被证明是有用的，如果我们作这样的判定，那么我们就可以定义谓词“处于压力之下或经光谱检查的易弯曲的东西”和谓词“处于压力之下或经光谱检查的不易弯曲的东西”。[12]这
样就把“屈曲”/“不屈曲”这二分（the “flex”—“fails to flex” di- 49
chotomy）通过定义投射到更大的（虽然不是普遍的）范围，并且具有这样的优点：所引入的谓词是完全可消去的。

不过，此番跑题去试图定义素质谓词，完全无助于解决初始明证谓词与用于投射它们的明证谓词之间关系之本性的核心的、紧迫的难题。这个一般性的素质难题依然独立于判定这种辅助（若找到了）是可用于定义还是可用于还原公设。

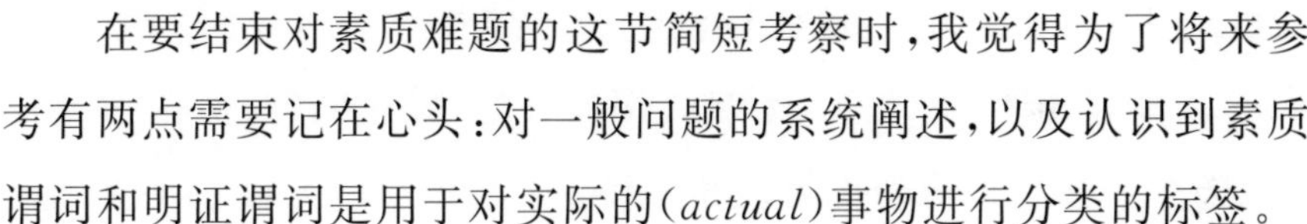

在要结束对素质难题的这节简短考察时，我觉得为了将来参考有两点需要记在心头：对一般问题的系统阐述，以及认识到素质谓词和明证谓词是用于对实际的（*actual*）事物进行分类的标签。

[12] 这些用连字符连接起来的谓词前者可以定义为，适用于所有处于适当压力之下并且弯曲或者接受了光谱检查并展示了所述的模式的那些东西，并且只适用于那些东西。第二个用连字符连接的谓词可以定义为，适用于所有处于适当压力之下并且不弯曲或者接受了光谱检查并且不展示所述的模式的那些东西，并且只适用于那些东西。（这些阐述，与前面正文中的早些段落类似，已经作了简化，“东西”（things）不是指长久保持的对象（long—enduring objects），而是指它们短暂的时间片段（brief temporal segments）。）

4. 可能者

素质语句可以被视为对实际事物的言说，那么其他明显述及可能构体的语句呢？

让我们离开我们前面讨论的语境，从一个较远的例子开始。假定我们正在使用的不是一种物质性的事物语言，而是一种现象性的语言，其中原子要素是视野中的处所、现象时间的时刻、最小现象颜色、声音，等等。[13] 此时有这样的时刻，比如一只眼睛闭上，视野比其他时刻变小（即包含较少的现象处所）。选择一个确定的时刻 t，此时视野因此变窄，以及一个确定的处所 p，在时刻 t 此处
50 所还未出现。p 和 t 都是实际发生的现象要素，[14] 但是并不存在由 p 和 t 构成的这样的时地（place-time）构体。不过，我们必定经常谈论这种虚构的“时地”。比如，它的（可能）颜色问题，被认为是合法的，并且对于知识来说可能是重要的。

此处有一个非常简单的例子，可以填补实际经验与可能者之构造（fabric of possibles）之间的缝隙。如何对待此种虚构的或者可能的感觉材料的问题，是现象论者在其工作的早期阶段就不可避免地要面对的。我担心他过于经常退却，使自己允许可能的感

---

⑬ 这样的一个系统在《表象的结构》一书中有表述，出处见脚注 2，边码第 33 页；特别参见第四章。

⑭ 这一语句当然被认为是无时态的。从无时态的角度讲，出现于任何时间的处所或颜色都是实际的，恰如泰勒斯（Thales）是一个实际的人物一般。实际的处所或颜色，不必比一个实际的人需要永远活着而更频繁地出现于各种时间。参见《表象的结构》第六章，第四节；第十一章。

觉材料与实际的感觉材料平起来坐。虽说他能够成功地教导自己坦然地或不害羞地这样做，但是他的批评者可以恰当地指出一种命中注定的退让。

回到我们的例子，情况是这样的：不存在“在时刻 t 的处所 p”这样的“时地”，声称某种颜色出现于此“时地”的任何语句是假的。那么，如果不把虚构的“时地”作为一个要素引入，我们如何能够想象关于处在此“时地”之颜色我们想要提出的问题呢？我们当然可以用反事实句的形式提出这个问题；但是我们已经搞清楚了，沿此方向不会有大的作为。

在我们的例子中首先要观察的是，虽然不存在作为 t 时刻的 51
p 这样的“**时地**”，但**存在**由 p 和 t 构成的实际的构体，不管我们选择把它看作类$\{p,t\}$还是如我们等一会儿将看到的把它看作个体的加和 $p+t$。[15] 这种构体，其各部分之间缺少一定的关系，不成其为一种“时地”，这一点很像大街上由一辆汽车的车体与另一辆汽车的底盘组成的散乱整体不成其为汽车一样。换言之，谓词“时地”尽管适用于由处所和时间构成的许多构体，但不适用于其他构体，如我们的 $p+t$。谈论“虚构的”或“可能的”“时地”$p+t$，不是在谈论一种新的非实际的构体，而是在谈论关于老的实际构体 $p+t$的某种新的东西（即使用一个新的谓词）。就某些目的而言，我们愿意在一个标题下一起讨论所有的“时地”和一定的其他构

[15] 此处用到的符号“+”属于个体的演算，“$p+t$”只代表由 p 和 t 构成的整体。想得到更详细说明的读者可以参考《表象的结构》一书第二章第四节，而恐惧将个体相加之思想的读者可以在我们目前的整个讨论中用$\{p,t\}$来代替，其中$\{p,t\}$代表具有 p 和 t 作为成员的类。

体，如 $p+t$。通常的标题是这样的谓词“可能的‘时地’”。于是，可能的“时地”类，只不过是包含更小的实际“时地”类的实际构体的一种确定的类。

因此，谓词“时地”和“可能‘时地’”之间的关系，就颇类似于“屈曲”与“易弯曲的”之间的关系；的确，只是刻板的语法阻止我们
52 把 $p+t$ 描述为“可时地的”(place-time-able)而不是一种“可能的‘时地’”(possible place-time)。当然，至于素质术语，我们考虑事情的方式把负担转移到投射是如何作出的问题。在当前的例子中，投射恰好是容易的；因为“可能的‘时地’”可以很好地定义为：适用于所有由一个处所和一个时刻构成的构体并且只适用于那些构体。不过，我们可以偶尔使用同一个谓词覆盖比这个类更宽或更窄的、更难定义的类。并且其他问题，如我们关于在 $p+t$ 出现什么颜色的问题（或者，如我们现在设想的，什么样的颜色谓词将在 $p+t$ 上被投射的问题），可能提出微妙的和困难的投射问题。不管怎样，重新解说某些显然的超出实际感觉材料的指称的方法，至少需要提出来。

重复一下要点，如果 $p+t$ 不是“时地”并且在此不出现任何颜色，那么谓词“时地”显然只适用于由一处所和一时刻构成的某种其他整体，而谓词“绯红”(crimson)（即“出现绯红”）只适用于这些“时地”中的一些。于是，“‘时地’$p+t$ 是绯红的”这个省略的语句可以被解释为涉及两个投射。它在实际的构体 $p+t$ 上投射谓词‘时地’和谓词“绯红”；或者更好一点，它把 $p+t$ 用于某种“时地”的投射和某种“绯红”的投射。

不过，我们如何对付这种情形：在其中，比如说，我们并不如此

填补缝隙，而是在描述对实际经验的替代？例如，假定在某一实际
的“时地”p_1+t_1，颜色祖母绿（emerald green）实际出现了；但是假
定（比如说，因为我正在观察用蓝条带和绿条带粉刷的一面墙）颜
色钴蓝（cobalt blue）在时刻 t_1 的虚拟处所 p_1“可能出现”（would 53
have occurred），如果此刻我的头恰好被转得偏向右侧。现在考虑
在假定的境况（称之为境况“C”）下——我的头被稍稍转向右
侧——颜色钴蓝向这种“时地”p_1+t_1 的归因问题。这个问题看起
来不同于我们的第一个问题，因为此时我们不存在类似于我们旧
的 $p+t$ 的那些构体，等待着被赋予颜色；实际的“时地”p_1+t_1 已
经具有一种颜色，并且它不可能具有两种颜色。与其说是在我们
实际的经验中打补丁，不如说在这里我们似乎正开始塑造一种全
新的可能经验。即使如此，这种情况也可以用完全一样的方法处
理。说p_1+t_1是实际上绿色的但可能上（即在境况 C 下）蓝色的，
效果上相当于除了谓词“绿色的”之外，把某种诸如“C－可蓝的”
（C-blueable）[16]的谓词赋予 p_1+t_1。这一谓词只不过再次把谓词
“蓝色的”在某种更广阔的实际构体范围上投射。并且，正如“C－
可蓝的”可以运用于“绿色的”可运用的同样“时地”，其他谓词也一 54

---

⑯ “C－可蓝的”和谓词“E－可蓝的”——适用于在不同的境况 E 下的“时地”——是相关联的，如同“溶于水的”（water soluble）和“溶于酸的”（acid soluble）。顺便提及，我希望人们能够理解，并不是要倡导在日常语言中使用不规范的“可时地的”（place-timeable）和“C－可蓝的”之类的谓词，而是单纯为了讲解的目的才引入它们。在日常话语中，我们通常使用熟悉的谓词，如“蓝色的”和“可能蓝色的”（possibly blue），在不同的语境中服务于不同的目的。我们经常使用“蓝色的”，不只是对于那些实际上是蓝色的东西，也用于在某种特别重要的虚构境况下为蓝色的东西；并且我们把“可能蓝色的”用于在某种虚构的境况下为蓝色的东西，不管此虚构的境况是由语境明确地指出的还是隐含地暗示的。

样;例如若 D、E 和 F 是其他境况,那么所有谓词"D—可红的"(D-redable)、"E—可蓝的"(E-blueable)和"F—可白的"(F-white-able),也可以运用于 p_1+t_1。

离开现象论的语言,现在让我们看看与可能的物理事件有关的语句。从已经说过的方面看,如何前进是清楚的。因为,当我们说某个东西 k 在时刻 s 是易弯曲的,我们相当于描述一个虚构的在时刻 s 发生于 k 的事件。实际的事件——占据 s 的 k 的时间片段——并不是一个屈曲事件(flexing event);但是,作为一个可能的屈曲事件来谈论它,就相当于在素质谓词"易弯曲的"之下将其分类。熟悉的素质谓词并非总是可以获得的;但是一旦明白了原理,新的谓词就可以按需要加以构造。比如,对于在假定的境况下——一条给定的铁轨丢失了——发生于一辆给定的火车的虚构事故,可以这样看待,说那辆火车在那个时刻是"可出事故的"(ac-cidentable)或者更完整地说成"由轨道丢失可导致事故的"(rail-missing-accidentable)。

也许我该提醒你们,我正在讨论我们知道是非实际的"可能出现"。如果一辆火车晚点了,并且我说它可能发生一场事故,那么我不过是在说,我不知道它没有发生一场事故。但是,如果我知道那辆火车在一个正常的间隔后到站了,那么对它在路上可能事故的任何谈论,显然必须有一个相当不同的解释。此区别相当于,说火车可能已经发生了(may have had)一场事故(此时我并不知道它是否已经发生了事故),与说火车或许已经发生了(might have had)一场事故(此时我知道它并没有发生事故),之间的区
55 别。后一种类型的语句表现了更尖锐的翻译问题,并且此处我关

心的只是这些。

当下，当我们面对明显指向非实际的持久对象而非指向实际事物的非实际发生的话语时，我们或许期望遇到新的困难；但是即使这样的话语也可以无困难地被解释成特定谓词对特定实际对象的应用。我们可以只通过对伦敦运用谓词“多山的”（mountainous）的某种投射，坦诚地把虚构的山脉放在伦敦城的中间。[17]

当然，我根本不想尝试提供确定语句之真或假的手段，而是提出把这些语句翻译成关于实际的语句的一种方法。一旦完成了此种翻译，确定命题之真或假的问题，就只不过是弄清事实的事情。

因此，我们开始理解一般的方式，其中，宣称“某种可能的如此这般”（certain possible so-and-sos）不是“实际的如此这般”（actual so-and-sos）的诸语句，可能与“只有可能的构体才是实际的构体”（the only possible entities are actual ones）这样的教条调和起来。进一步考虑特殊的情况，可能使我们自己有迷失于细节的危险。 56
只需要指出，某些“可能者的谓词”可能不是明证谓词的简单投射，而可能是以更为复杂的方式与它们广泛交叉的。[18]不过，如果我们

[17] 虽然我们一般地讨论可能者（possibles），但我们很少单纯关注可能者是什么，在某种可表述的境况下或者其他情况下可能者是什么。我们更经常关注的是，在某种特定的虚构境况下发生了什么。因此，我们打算放到伦敦去的山脉，不单纯是可能的山脉，也是属于那里的山脉，例如在虚构的境况下，某种火山活动发生了。

[18] 谓词“易弯曲的”是谓词“屈曲”（flexes）的一种简单的投射；因为能屈曲的所有东西，和某些不屈曲的东西，都是易弯曲的。但是，我使用术语“投射”（projection）足够宽泛，以便把“易弯曲的”也作为“弯曲”（bends）的一种投射包含进来，尽管某些能弯曲（例如在极大的压力之下）的东西并不是易弯曲的。素质谓词“是橙色的”（is orange）也

把自己限制于实际事物的谓词，自然出现的一个问题是，我们是否有足够的工具去谈论——我们需要谈论的但通常被视为谈论可能者的——实际的每一种事物呢？我们很高兴地看到，如果只存在三种原子要素的话，那么总共有七种个体，并且这些为127种单处所谓词（one-place predicates）提供了相异的外延（其中没有空集）。对于任何至少包含数百个原子要素的——不管是现象的还是物理的——正常系统，可用的外延数目达数十亿。受迫沉默的威胁还远着呢。

那么我在这里的主要目的是，建议即使关于可能者的话语也
57 不必超越实际世界（the actual world）的边界。我们通常错把对实际世界的一种特殊的描述当成了实际世界。并且我们错把用其他术语表述的不过是同样真的描述当成了对可能世界的描述。我们开始把实际世界理解为诸多可能世界中的一员。我们需要重绘那幅图画。所有可能的世界位于那个实际世界之中。

5. 流逝

可能过程和可能构体消失了。假定指向它们的谓词被认为适用于实际的事物，但以某种特别的方式具有与一定的明证谓词的

是明证谓词的“看起来是橙色的”（looks orange）的一种投射，尽管并非每种看起来是橙色的（例如在黄光照射下）东西就是橙色的。在这些例子中，“投射”在效果上覆盖两个步骤：消去属于原始明证谓词的外延（例如从“弯曲”到“屈曲”的步骤，或者从“看起来是橙色的”到“在日光下看起来是橙色的”的步骤）的某些情形；加上不属于由此得出的较窄明证谓词的外延的（例如从“屈曲”到“易弯曲的”或从“在日光下看起来是橙色的”到“是橙色的”）的其他情形。

外延有关联并且通常比它们的外延要广泛的外延。一个明显有关可能者的谓词与一个相关的明证谓词相对比,就好似一把打开的雨伞与一把关闭的雨伞相对比,只不过覆盖了更多的尘世东西罢了。

我们的注意力因此集中在我所说的素质的一般问题上,实际上它也变成了可能者的一般问题。重复一下,这个问题是要说明,一个给定的明证谓词——比如说“P”——必须怎样与他者关联起来,如果基于这些他者适用于某东西这件事实,要为把比“P”更宽广的一种相关物——比如说“Pj”——应用于这种东西提供根据。我已经说过这是一种投射的问题,因为它是这样一个问题:比如从“燃烧”(burns)这样一个明证谓词开始,实际上我们可以通过定义一个相关谓词“易燃的”(inflammable)把它扩展到更广的范围,其中谓词“易燃的”覆盖了能“燃烧”的东西,也覆盖了某些其他的东西,但不包括**不能**燃烧的东西。

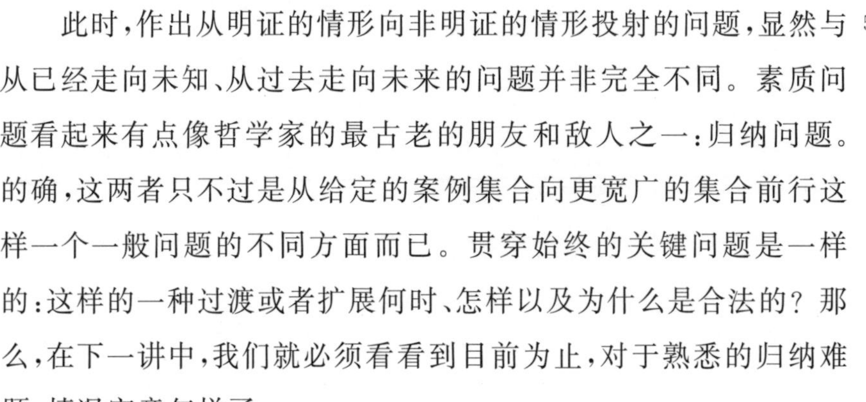

此时,作出从明证的情形向非明证的情形投射的问题,显然与 58
从已经走向未知、从过去走向未来的问题并非完全不同。素质问题看起来有点像哲学家的最古老的朋友和敌人之一:归纳问题。的确,这两者只不过是从给定的案例集合向更宽广的集合前行这样一个一般问题的不同方面而已。贯穿始终的关键问题是一样的:这样的一种过渡或者扩展何时、怎样以及为什么是合法的?那么,在下一讲中,我们就必须看看到目前为止,对于熟悉的归纳难题,情况究竟怎样了。

因此可能者流逝了。的确,它只是转化为另外一个难题而且是极为复杂的难题。但是那个难题本身长期以来就令我们寝食不安。想到至少可能者这个幽灵不会再在屋顶上叫魂，我们也许还有一丝安慰。

第三章　新的归纳之谜 59

1. 旧的归纳难题

在上一讲结束之前，我说过，今天将考察归纳难题有何进展。一句话，我认为麻烦犹在。不过，我们今天面对的真正困难并不是传统上的那些困难。通常理解的归纳难题(Problem of Induction)已经被解决了或者化解了；而我们面临的一些新难题仍然不广为人知。为了抵达这些难题，我不得不尽可能快速地掠过某些很熟悉的场面。

如休谟(David Hume)指出的，关于未来或未知情况之判断的有效性问题出现了，因为这类判断既不是对经验的如实报告也不是对经验的逻辑推论。当然，预测指向仍然尚未被观察到的事物。并且它们不可能被从已经观察到的事物中逻辑地推断出来；因为**已经**发生的事物对**将要**发生的事物并不施加任何逻辑限制。尽管休谟的格言“在事实事物(matters of fact)之间没有任何必然联结”时常受到挑战，但它经受住了所有攻击。的确，我们应当倾向于不但赞同不存在事实事物的必然联结，而且要问是否真的存在任何什么必然联结,[①]不过,这是另外一个故事了。

60 给人深刻印象的是,休谟对预测如何与过去的经验相联系之问题的回答,并不是包罗万象的(non-cosmic)。当一个种类的个事件在经验中时常伴随于另一种类的一个事件之时,就会形成一种习惯(habit),当面对属于第一种类的一个新事件时,此习惯会引领心灵通向关于第二种类的一个事件的观念。必然联结的观念来源于心灵作出此种转换时感受到的冲动。

如果我们剥离了此种解释的所有外部特征,那么要点是,对于“为什么是这个预测而不是那个预测”的问题,休谟回答说,选中的预测是与过去的规则性相一致的那一个,因为此种规则性已经确立了一种习惯。因此,关于未来某一时刻的各种备选陈述中,某种陈述因其与习惯并且因此与过去观察到的规则性相一致而脱颖而出。按照其他方案预测就会走入歧途。

这种回答在多大程度上令人满意?最严厉的批评已摆出了正义的姿态,指出休谟的解说最多只是适合于预测的根源,而不是预测的合法性;休谟阐明了我们作出给定预测时所处的境况,并且在这种意义上他说明了我们何以作出这些预测,但是这并未触及我们作出预测之许可证的问题。追踪根源,不会平息老的抱怨,也不
61 能建立合法性:真正的问题不是一项预测为什么能够实际上被作出,而是它如何得到辩护。因为这似乎通向了这样的尴尬结论:近

① 虽然这一评论只是一旁白,但是也许我应当为受到某种不寻常蒙蔽的读者解释一下,思想的必然联结或绝对分析陈述的想法,已不再神圣不可冒犯了。蒯因(Quine)和怀特(White)等人,已经直接攻击了这种观念;其他一些人,如我自己,干脆把它抛弃了;但也有另外一些人开始对此感到极度不安。

代哲学家中这个最伟大的人物对其自己的难题完全不得要领，所以人们认为，他并不把他的解决方案很当真，而是把主要难题视为未解决的，以及或许是不可解决的。因此，我们能够谈论“休谟难题”(Hume's problem)，仿佛他提出了一个没有答案的问题。

所有这些看法，在我看来似乎都是相当错误的。我认为休谟抓住了核心问题，并认为他的回答也是有效的。并且我认为他的回答是合理的和恰当的，尽管它不是完全令人满意的。我不久就会作出解释。此刻，我只是想表达我的一种异议，我反对流行的观念：为归纳辩护的难题，当它与描述归纳如何发生的难题如此明显不同之时，可以被正当地称作休谟难题。

我认为，为归纳辩护的难题，成了现代哲学中近乎值得尊重的难题，却也唤起了许多无益的讨论。典型的作家一开始就会坚持，必须找到为预测辩护的某种方式；进而会论证说，为了这一目的我们需要有关于大自然的均一性(Uniformity of Nature)的某种强有力的普适定律，接着，就要考察这种普适原理本身如何能够得到辩护。沿此路线，如果他力不从心，就会作出结论说，那个原理必须被当作不可或缺的假设接受下来；或者如果他精力旺盛、足智多谋，他就会为此继续设计某种精致的辩护。不过，这样一种发明很少满足其他方面的一些要求；并且接受一项未证明有根据甚至可疑的假设——其覆盖的范围要比我们作出的任何实际的预测都要 62
广——的走捷径做法，似乎是为这些预测进行辩护的一种古怪的、代价高昂的方式。

2. 旧难题的化解

于是,可以理解,更具批判性的思想家已经开始怀疑,对于正在试图解决的难题,或许我们在哪走岔了路。仔细思索一下,究竟什么东西可能构成我们欲寻找的辩护？如果此难题是要去说明我们如何知道某种预测会成为正确的,那么充分的回答是,我们不知道任何此类东西。如果此难题是要去**发现**某种办法,事前区分真预测与假预测,那么我们是在寻找预知(prevision),而不是哲学说明。倘若我们只不过正在试图表明某些预测是**可几的**(*probable*)以及为什么会如此,那么这帮不了什么大忙。人们通常说,我们虽然不能对于骰子的某次抛掷提前说出一项预测是否为真,但是我们可以判定此预测是不是一种可几的预测。但是,如果这意味着确定此预测与未来的骰子抛掷实际的频率分布是如何相关的,那么绝对没办法提前知道或者证明这一点。另一方面,如果预测是可几的这种判断,与随后发生的结果没有关系,那么问题依然存在:在什么意义上一项可几的预测要比一项不可几的预测更好地得到了辩护。

显然,现在真正的难题不是获得不可获得的知识的问题,或者解释我们事实上不具有的知识的问题。要较好地理解我们的难题,可以观察一下在为非归纳推理(non-inductive inferences)辩护
63 中涉及了什么。我们是怎样为**演绎**(*de*duction)辩护的？很清楚,是通过表明它遵照了演绎推理的一般规则。遵照规则的论证得到了辩护或者是有效的,即使它的结论恰巧是假的。违反规则的论

证是靠不住的，即使它的结论恰巧是真的。因此，为一个演绎的结论辩护，不要求与它有关的任何事实知识。进而，当情况已经表明，一个演绎论证遵照了逻辑推理规则时，我们通常就认为它得到了辩护，不需要继续问什么东西为规则作辩护。类似地，为一个归纳推理辩护的基本任务，就是要表明，它遵照了**归纳**(*in*duction)的一般规则。一旦我们认识到这一点，在通向澄清我们的难题之路上，我们就已经前进了许多。

当然，规则本身最终也必须得到辩护。一个演绎之所以有效，并不在于它遵守了我们发明的任何纯粹任意的规则，而在于它遵守了有效的规则。当我们谈论推理的**那种**(*the*)规则时，我们是指有效规则，或者说得更准确些指**某种**(*some*)有效规则，因为存在多套备选的同样有效的规则。但是，规则的有效性是如何被确定的呢？在这里我们再次看到，有些哲学家坚持认为这些规则来自某种自明的公理，而另外一些哲学家试图表明这些规则根植于人类心灵的本性。我认为，答案并不太深奥。演绎推理原理是通过它们与已被接受的演绎实践的一致性得到辩护的。它们的有效性依赖于它们与我们实际作出和认可的特定演绎推理的一致性。如果由一条规则导出了不可接受的推断，我们就会把此规则作为无效 64
的而加以抛弃。因此，对一般规则的辩护，得自拒斥或者接受特定演绎推理的判断。

这看起来明显是循环的。我曾说过，演绎推理通过它们遵照有效的一般规则得到辩护，而一般规则通过它们遵照有效的推理得到辩护。但是这种循环是一种有价值的循环。要点是，规则和特定的推理一样，通过被置于彼此支持的过程而得到辩护。**规则**

是可以被修正的，如果它产生了我们不愿意接受的推理；推理是可以被拒斥的，如果它违反了我们不愿意修改的规则。辩护的过程就是在规则与被接受的推理之间进行相互调整的一种微妙的过程；并且彼此需要的唯一辩护就存在于达成的协议中。

所有这一切都平等地适用于归纳。归纳推理也是通过遵照了一般规则而得到辩护的，而一般规则通过遵照了被接受的推理而得到辩护。如果预测遵守了有效的归纳准则（canons of induction），它们就得到了辩护；而如果这些准则精确地整理了被接受的归纳实践，它们就是有效的。

作这种分析得到的一个结果是，我们可以停止用关于归纳的某些荒唐的提问来折磨我们自己。我们不再需要去说明我们不具有的保证，或者不再寻找通向我们不可能得到的知识的钥匙。它告诉我们，传统上得意地坚持的在为归纳进行辩护与描述日常归纳实践之间的明确界线，歪曲了问题。并且我们应当向休谟表达迟到的歉意。因为在处理通常被接受的归纳判断是如何作出的问题过程中，
65 他事实上就在处理归纳有效性的问题。② 一项预测的有效性，对他来说，在于它源自习惯，并且因此在于它例证了某种

② 性急的读者可能会猜测，我此处坚持辩护问题等同于描述问题，没有与我在上一讲中附带坚持的哲学的目的在某种程度上根本不同于对日常过程或者科学过程的单纯描述，保持一致。让我重复一下，我在那里极力主张的是，说明性解释的组织，不必反映谓词在实践中被采纳的方式或顺序。不过，在一定意义上它的确必须描述实践，处于被说明之中的谓词之外延必须与实践中应用的同样谓词之外延，在某种程度上保持一致。休谟的解释，恰好就是这种意义上的一种描述。因为，它尝试刻画作出通常被视为有效的那些归纳判断的境况；并且这样做，就相当于为有效归纳表述必要且充分的条件，并且因此等于为有效归纳下定义。我上面所坚持的是，为归纳辩护的难题，并不是高于描述或者定义有效归纳的难题的某种事情。

过去的规则性。他的回答是不完备的，并且或许是不完全正确的；但是它八九不离十。归纳难题不是关于解证（demonstration）的难题，而是界定有效预测与无效预测之间差别的难题。

这样误会削除了，但也留下了要做的一些事情。作为**演绎**推理的原理，我们有熟悉的并且高度发达的逻辑定律；但是我们没有可以利用的如此精确阐述的并得到充分认可的归纳推理原理。穆勒准则（Mill's canons）几乎不能与亚里士多德的三段论规则相提并论，更不用说与《数学原理》（*Principia Mathematica*）相比了。精心讨论概率并有价值的著作，通常没有触及某些基本问题。只 66
是在最近一些年里才有明确而系统性的成果，我称此工作为关于确证理论的建设任务。

3. 确证理论的建设任务

阐述规则以界定有效归纳推理与无效归纳推理之间区别的任务，很类似于用已经建立的用法来界定术语的任务。如果我们准备定义术语“树”，我们就得设法用已经明白的词语构造一种表达，使之适用于标准用法称之为树的熟悉对象，并且它不适用于标准用法拒绝称之为树的对象。公然违背任何一个条件的建议都要被拒斥；而满足这些测试的定义可以被采纳并被用于判定尚未由实际用法解决的情况。因此，我们观察到的归纳规则与特定的归纳推理之间的相互影响，恰好是这种有特色的定义与用法之间双向调整的一个实例，其中用法可以告诉如何进行定义，反过来定义也可以指导对用法的扩展。

当然，这种调整是比我所展示的更复杂的事情。有时，为了方便或者理论的实用性，我们可以故意地容许一个定义违背通常用法的明确命令。我们接受排除了鲸的关于“鱼”的定义。类似地，我们可以决定，否认术语“有效的归纳”适用于某些通常认为有效
67 的归纳推理，或者把此术语用于通常认为不合适的对象。定义可以扩展常规用法，也可以进行修正。[③]

界定确证或有效归纳这个难题的某些先驱性工作，是由亨普尔教授完成的。[④] 让我带你简要回忆一下他的部分结果。正如演绎逻辑主要关注命题间的关系，即后承关系（consequence relation），它独立于语句本身的真或假，于是如亨普尔所构想的，归纳逻辑主要关注语句间可比较的确证关系。因此，难题是定义在任意语句 S_1 和另外一个语句 S_2 之间成立的关系，当且仅当 S_1 可以被恰当地说成以任意程度确证了 S_2。

对于如此表述的提问，第一步似乎是显然的。归纳不恰好是沿着与演绎相反的方向前进吗？的确，归纳地支持一个一般性假说的某些证据语句（evidence－statements），是假说的后承。既然后承关系已经由演绎逻辑很好地定义了，我们为什么不坚定地说

③ 对定义更全面的一般性讨论，参见《表象的结构》（*The Structure of Appearance*）一书的第一章。

④ 首要的文章是“对确证的一种纯句法定义”，出处见第一章脚注10（参见本书边码第18页）。一份技术性不太强的解释见于下文：“对确证逻辑的研究”（Studies in the Logic of Confirmation），见《心灵》（*Mind*），n. s.，第54卷，1954年，第1－26页和第97－121页。亨普尔（Hempel）和其他人关于定义确证度（*degree*）的后来的工作，与我们目前的讨论无关。

确证包含了逆关系(converse relation)？于是，演绎定律反过来将处于归纳定律之中。

让我们看一下这会把我们引向何方。我们自然进一步假定，不管什么东西确证了一给定的语句，它也确证了从那个语句导出 68
的任何东西。[⑤] 但是，如果我们把这个假定与我们前面建议的原理结合起来，我们就得到令人困惑的结果：每个语句都确证其他每个语句。虽说令人吃惊的是，如此单纯的开端竟然导致如此不可忍受的结论，但证明却是极简单的。从任意语句 S_1 开始。它是 S_1 与任意其他语句——称它为 S_2——之合取的一个后承，并且根据我们目前的判据也确证了此合取。但是被确证的合取 $S_1 \cdot S_2$，当然也有 S_2 这样的后承。因此，每个语句都确证所有的语句。

错误在于对我们对第一个建议的粗心阐述。虽然确证一般假说的某些语句是假说的后承，但是并不是它的所有后承都确证它。这一点不会马上就变得明显；因为当我们建立假说的一个后承时，某种意义上我们确实对一个语句提供了支持。我们现在着手解决关于它的诸问题中一个问题。考虑异质合取：

⑤　我在此并未声称这是对确证之定义的一项不可或缺的要求。因为被纳入组合的我们的常识假设迅速把我们引向荒谬的结论，所以其中的某些假设必须去掉；而不同的理论家关于去掉什么、保留什么会作出不同的决定。亨普尔放弃了逆后承条件(converse consequence condition)，而卡尔纳普既放弃了后承条件，也放弃了逆后承条件，可参见《概率的逻辑基础》(*Logical Foundations of Probability*)，芝加哥和伦敦，1950 年，第 474—476 页。对确证不同处理之间的这些细节上的差异，并不影响我在本讲座中所阐述的中心观点。

69 8497是一个素数，并且月球的另一面是平坦的，并且伊丽莎白一世在星期二被加冕。

证明上述三个子语句中任何一个都为真，就相当于通过减少不确定主张的个数来支持此合取。可是，这类支持[⑥]并不是确证；因为建立其中的一个子语句，并不赋予整个语句以可以传递到其他子语句的任何可信性。对一个假说的确证，只发生于一个实例赋予假说某种可以传递到其他实例的可信性。对假说的评价的确伴随着预测，伴随着基于旧情况对于新情况的判断。

因此，我们的公式需要收紧。如亨普尔指出的，如果我们观察到，假说真正只由作为假说之实例的语句所确证，在特别的意义上，不是使得假说本身成为必要，而是使假说对于那个语句所提到的构体类的相对化（relativization）或限制成为必要，那么这一任务就顺利完成了。一个普遍假说对于一个类的相对化，是由把假说的全称量词和存在量词的范围限制到那个类的成员上完成的。用不太技术性的话来说就是，假说涉及所有事物，而证据语句涉及一个事物（或者诸事物中的一对或者另外 n 个）。这显然覆盖了这样的情况：所有铜的导电性为一个给定铜片的导电性所确证；
70 并且它排除了由其任意子语句对我们异质合取的确证。并且，

⑥ 任何假说都受其自己的正面实例的“支持”；但是，支持，或者更好的说法是直接的事实支持，只是确证中的一个因素。这个因素分别由柯梅尼（John G. Kemeny）和奥本海默（Paul Oppenheim）研究过，见“事实支持的程度”（Degree of Factual Support），《科学哲学》（*Philosophy of Science*），第19卷，1952年，第307—324页。过一会我就会讲到，在这些讲座中我的关注主要在于确证中其他一些重要因素，其中有些被完全忽视了。

当把原理“确证一个语句就确证了其所有的后承”一起加以考虑时，这条判据就不会产生不合宜的结论：每一语句确证其他每一语句。

不过，新的困难立即从其他方向冒了出来。其一就是声名狼藉的渡鸦悖论(paradox of the ravens)。一个给定的对象，比如这张纸，既不是黑色的也不是一只渡鸦(neither black nor a raven)，此语句确证了这样一个假说：所有非黑色的东西都是非渡鸦(all non-black things are non-ravens)。但是这个假说逻辑上等价于假说：所有渡鸦都是黑色的。于是，我们得到了意想不到的结论：一给定对象既不是黑色的也不是一只渡鸦这个语句，确证了所有渡鸦都是黑色的这一假说。足不出户就可以研究鸟类学，这等好事太奇妙了，以至于我们知道其中必有诡计。不过，这回麻烦并不出在错误定义上，而是在于对我们例子中未宣明之证据心照不宣的和不正当的指称上。自欺其人的是，给定对象既不是黑色的也不是一只渡鸦这一陈述，确证了假说“不是黑色的每种东西都不是一只渡鸦”和假说“不是一只渡鸦的每种东西都不是黑色的”。我们倾向于忽略后面一个假说，因为我们从丰富的其他证据知道它是假的，在我们熟悉的各种东西中不是渡鸦的却可以是黑色的。但是现在要求我们假定不能获得这样的证据。在此境况下，甚至 71
更强的假说也显然能够得到确证：没有什么东西是黑色的或者是一只渡鸦(nothing is either black or a raven)。考虑到假说“不存在渡鸦”的这种确证，在此例的人为限制状况下，假说“所有渡鸦都是黑色的”也被确证，这也就不再奇怪了。并且，当我们注意到，在这些同样的条件下，相反的假说“没有渡鸦是黑色的”也同样好地

被确证，室内鸟类学的展望就消失了。[⑦]

另一方面，我们的定义犯的错误在于，没有使我们考虑所有**已被宣明的**（*stated*）证据。这类不幸的结果容易描述。如果两个相容的证据语句确证两个假说，那么自然地证据语句的合取应当确证假说的合取。[⑧] 假定我们的证据由语句 E_1 和语句 E_2 构成，其中 E_1 说一个给定的事物 b 是黑色的，E_2 说第二个事物 c 不是黑色的。根据我们目前的定义，E_1 确证假说“每个事物都是黑色的”，而 E_2 确证假说“每个事物都是非黑色的”。于是，这些完全相容的证据语句的合取，将确证自相矛盾的假说“每一事物既是黑色的也是非黑色的”。此反常虽说简单，但它要求对我们的定义作出大幅度修正。给定证据所确证的东西，并不是我们通过从其分

72 离子项所作概括而得到的东西，粗略地说，却是我们通过从全体已被宣明的证据得到的东西。改进版定义的中心思想是，在一定的限制条件下，被宣布对于证据语句的窄域（narrow universe）为真的东西，对于话语的全域（whole universe）来说是被确证的。因此，如果我们的证据是 E_1 和 E_2，那么无论假说“所有东西都是黑色的”还是假说“所有东西都是非黑色的”，都不被确证；因为，假说对于由 b 和 c 构成的证据域（evidence-universe）都不是真的。当然，这需要更加细心的阐述，因为某些在证据域下为真的语句——

---

⑦　对此段娴熟而彻底的讨论由谢弗勒（Israel Scheffler）给出，见其著作《对探究的解剖》（*Anatomy of Inquiry*），纽约，1963 年，第 286—291 页。

⑧　合取条件的状况，非常类似于后承条件的情形，参见第三章脚注 5（边码第 68 页）。虽然卡尔纳普也放弃了合取条件（第 394 页），但是他出于不同的理由采纳了我们发现的上面正文所需要的要求：可获得的全体证据，总是必须加以考虑（第 211—213 页）。

比如只存在一个黑色的东西——对于全域来说并不被确证。这些事情已由亨普尔在此基础上发展的艰深的形式定义考虑到了；不过，我们在此不可能也没有必要讨论更多细节。

没有人认为确证理论（confirmation-theory）的任务已经完成的。但是，我已评论的若干步骤——部分考虑到与下文的相关性而选取的——表明了，一旦定义的难题取代了辩护的难题，事情的走向如何。重要并且长期未曾注意的问题进入视野，并得到回答；并且我们满怀信心地期望许多遗留的问题总有一天也会得到类似的处理。

但是，我们的满足感持续不了多久。新的更严重的麻烦开始显现了。

4. 新的归纳之谜

通过实例对假说的确证主要取决于假说的特性，而不是它的句法形式。一个给定的铜片导电这件事增加了诸语句——声称其他诸铜片导电——的可信性；并且因而确证了假说“所有铜都导电”。但是现在处于这个房间里的一个给定的男人是三公子这个 73
事实，并不增加诸语句——声称此时处于此房间里的其他一些男人也是三公子——的可信性，并且也不确证假说“此时处于此房间中的所有男人都是三公子”。不过，在两种情况下，我们的假说都是对证据语句的一种概括。区别在于，在前一种情况中，假说是一个**类律**（*lawlike*）语句；而在后一种情况中，假说只是偶适的或者偶然的概括。只有**类律**语句——不管它是真是假也不管它是否具有科学上的重要性——才有可能得到其实例的确证;偶然语句则不能。于是,坦率地说,我们必须寻找一种办法,来区分类律语句与偶然语句。

只要人们以为,要找的似乎只是排除由我们的确证定义非故意容许的一些古怪的、不想要的情形的一种方法,这个难题看起来就不会特别艰难或者非常紧迫。我们全心全意地指望我们定义中的小毛病可以被找到,并且必要的改进必定会被耐心地一个接一个地作出。但是,某些进一步的例子将表明,我们目前的困难是非常严重的。

假定在一给定的时刻 t 之前被检验的所有宝石[*]都是绿色的。[9] 于是,在时刻 t,我们的观察支持假说"所有宝石都是绿色的";并且这与我们的确证定义保持一致。我们的证据语句声称,
74 宝石 a 是绿色的,宝石 b 是绿色的,等等;并且每一个语句都确证一般假说"所有宝石都是绿色的"。到此为止,一切均好。

现在,让我引进不如"绿色的"熟悉的另外一个谓词。这个谓词是"格路"(grue),[**]它适用于在时刻 t 之前被检验并且只在此情况下它们为绿色的所有事物,但适用于只在此情况下为蓝色的其

---

[*] 如前面已经指出的,在本书中译者故意把 emerald 一词译得含糊一些,特别是不把它译成字面上带有颜色暗示的"祖母绿"之类,以避免与各种颜色谓词混淆。这里尝试译成"宝石",实际上也可以译作"石头"或"爱莫日特"。——译者注

[9] 虽然使用的例子不同,但随后的论证本质上相同,与我在短文"对确证的一条质疑"(A Query on Confirmation)作出的表述一样,出处见第一章脚注 16,边码第 25 页。

[**] 这个词显然是由 green 和 blue 造出的一个混成词,如同 motel 来自 motor 和 hotel 一般、wintel 来自 Window 和 Intel 一般。但是,没有必要将 grue 翻译成一个准确对应的汉语词(实际上也不存在),更没有必要为此造一个新的汉字,我们将它音译作"格路"。——译者注

他事物(it applies to all things examined before t just in case they are green but to other things just in case they are blue)。* 于是,在时刻 t,对于每个证据语句——声称一块给定的宝石为绿色的,我们就有一个平行的证据语句——声称那块宝石是格路的。并且,宝石 a 是格路的,宝石 b 是格路的,等等语句,每一个都会确证一般假说"所有宝石都是格路的"。因此,按照我们的定义,预测"所有随后被检验的宝石将会是绿色的"和预测"所有宝石将是格路的",得到了描述同样观察的证据语句的类似确证。但是,如果一块随后被检验的宝石是格路的,那么它就是蓝色的并且因而不是绿色的。因此,虽然我们很清楚两个不相容的预测中哪一个真正得到了确证,但是按照我们目前的定义它们却得到了同等确证。进而,这很清楚,如果我们单纯地选择一个适当的谓词,那么依据同样的观察,根据定义,对于任何预测——不管是关于其他宝石还是关于任何别的东西——我们都将有同等的确证。[⑩] 正如我们在早先的例子中得知的,只有可被纳入类律假说的预测才真正得到

* 古德曼对格路谓词的原始表述非常晦涩,他人(如 H. Putnam, J. J. Thomson, D. A. Johnson, S. F. Barker and P. Achinstein, J. Hullett and R. Schwartz, J. S. Ullian, A. Bird 等)在讨论这个问题时也很少使用他的原始表述。此定义直译成汉语十分别扭,但也不宜随便意译,此处录出英文原文供参考。——译者注

⑩ 举例来说,根据我们目前的定义,对于预测"随后被检验的玫瑰将是蓝色的"我们会有同等确证。令"emerose"(由宝石(emerald)和玫瑰(rose)造的一个新谓词。——译者注)只适用于时刻 t 之前被检验的宝石,并且适用于以后被检验的玫瑰。于是,所有到目前为止被检验的 emerose 都是格路的,并且这确证了假说"所有 emerose 是格路的",并且因而确证了预测"随后被检验的玫瑰将是蓝色的"。由此类前件提出的难题很少被注意,但是它不比由类似反常的后件提出的难题更容易处理。可进一步参考下面第三章第四节的内容。

75 了确证;但是,我们尚没有确定类律性的判据。并且此时我们明白了,如果没有这样的判据,我们的定义不仅仅包含一些多余的情形,而且会完全失去效力,实际上不能排除任何东西。我们又遭遇了不可忍受的结果“任何东西确证任何东西”。这个困难不能被置于一旁,仅作为一个恼人的细节,留待在适当的时候加以考虑。要想让我们的定义生效,必须先克服这个困难。

不过,这种困难通常被轻视了,因为表面上看似乎存在许多简单的办法对付它。例如,有时此难题被设想为很类似于渡鸦悖论。据说,我们此时再次对已被宣明的证据以外的信息作了心照不宣的、非法的使用。比如用到了这样的信息:一种材料的不同样品通常在导电性上是相似的,而出席一个讲座之听众中不同男人在其家庭弟兄中的排行情况通常是不同的。但是,虽然此类信息被偷运进来这一点是真的,但这本身不能像平息渡鸦问题一样解决问题。要点在于,当非法信息被直截了当地宣布时,它对讨论中的假说的确证产生的效果,就会马上并且恰当地被我们正在使用的定义注册在案。另一方面,如果我们在我们的初始证据中加上涉及其他物质样品的导电性的语句或者涉及其他讲座听众之成员弟兄
76 排行情况的语句,那么,根据我们的定义,这丝毫不会影响到对有关铜或有关此讲座听众之假说的确证。因为我们的定义对于证据与假说之间究竟如何发生关联并不敏感,甚至当证据被全部宣布时,即使能够偷偷摸摸地考虑这样的证据,有关偶然假说的困难仍然不能被解释过去。

说明此事情的一种更有前途的建议是,这种其他证据并不直接作用于所讨论的假说,而是通过其他诸假说——按照我们的定

义这些假说**被**此种证据**确证**了——**间接地**发挥作用。我们关于其他物质的信息，根据定义，确实确证此类假说，如所有的铁片都导电，而所有的橡胶片则不导电，等等；并且根据解说，这些假说把类律特征传递给了所有铜片都导电这一假说(以及传递给了所有橡胶片都不导电这一假说)，也就是说，一旦发现直接的正面实例，确证是可修正的。另一方面，我们关于其他讲座听众的信息，在效果上并不确证此讲座听众中所有男人都是三公子或者都不是三公子等等假说；并且这就剥夺了假说“此讲座听众中所有男人都是三公子”(或者相反的假说)的类律特征。但是，显然的是，如果遵从这种思路，假说彼此相互关联的境况就必须得到精确阐述。

于是，难题是，定义此类假说必须相像的相干方式。假说“所有铁都导电”的证据，增强了假说“所有锆都导电”的类律性，但是 77
并不会类似地影响假说“我桌子上的所有东西都导电”。前两个假说落入更宽的一个假说——称其为“H”——“由同种物质组成的每类东西在导电性上都是一样的”；而第一个与第三个假说落入这样一个假说——称其为“K”——“或者全部由同种物质组成或者全部位于桌子上的每类东西，在导电性上都是一样的”。显然，此处重要的差别在于，语句“断言由 H 覆盖的一个类具有所讨论的性质”的证据，增加了语句“断言另外一个这样的类具有这种性质”的可信性；而对于 K 而言，这种关系不成立。但是这只是说，H 是类律的而 K 不是。我们又重新面对我们正试图解决的那个难题了，此难题是区分类律假说与偶然假说。

最流行的冲击这个难题的方法是，利用来自这一事实的提示：

偶然假说似乎通常涉及某种空间或者时间上的限制，或者参照某种特殊的个体。它们似乎关乎某个特殊房间中的人物，或者某个特殊人物桌子上的东西；而类律假说的特征是关乎所有渡鸦或者所有铜片等等。因此，完全的普遍性通常被认定为类律性的充分条件；但是，要定义这种完全的普遍性决非易事。仅仅要求假说不包含命名、描述的术语或者指向特殊东西或位置的术语，显然是不够的。令人烦恼的假说“所有宝石都是格路的”就不包含这样的术语；在此种术语确实出现的地方，如在关于**这个房间**中男人的假说
78 中，可以作出限制，以支持某个谓词（短或长，新或旧），此谓词不包含这样的术语但只能应用于完全一样的东西。于是，人们可能考虑，不但要排除对于特殊个体实际上包含这些术语的假说，而且也要排除等效于确实包含此类术语的其他假说的所有假说。可是，如我们刚看到的，只排除其等效假说包含此类术语的假说，实际上什么也没有排除。另一方面，排除具有**某个**包含此类术语之等效假说的所有假说，就排除了所有东西；因为即使假说

所有草坪都是绿色的

也有一个等效假说

伦敦或者其他地方的所有草坪都是绿的。

因此，下一步就必须考虑排除一定种类的谓词。有建议说，从句法上看普适的假说是类律的，如果它的谓词是“纯定性的”

(purely qualitative)或者“非定位的”(non-positional)。[11]如果设想纯定性谓词或者是等价于不包含针对特殊个体的术语的某种表达的谓词，或者等价于包含此术语的空表达(no expression)的谓词， 79
这显然无济于事；因为这只是再次提出了刚刚指出的难题。此主张似乎是说，至少对于足够简单的谓词的情形，我们能够通过直接检查其意义的办法无困难地确定它是不是纯定性的。但是，即使不考虑谓词的“意义”概念的模糊性，这种主张对我来说似乎也是错误的。我根本不知道如何区分一个谓词是定性的还是定位的，也许除非借助完全循环论证的方法，并问谓词是否“表现良好”(well-behaved)，也就是说，应用它的简单的句法上普适的假说是否是类律的。

这种声明也不是不会受到反击的。人们会争辩说：“考虑谓词‘蓝色的’和‘绿色的’以及早先引进的谓词‘格路’，并且还有谓词‘伯力’(bleen)：它适用于在时刻 t 之前被检验并且只在此情况下它们为蓝色的宝石，以及只在此情况下它们为绿色的其他宝石。确实，很清楚的是，”此论证继续说，“前两个谓词是纯定性的，而后两个则不是；因为后两者中每一个的意义都明显涉及对一个特殊的时间位置的指称。”我对此的回应是，的确，我确实认识到前两者

⑪　卡尔纳普在“论归纳逻辑的应用”(On the Application of Inductive Logic)一文中采取这一种路线，见《哲学与现象学研究》(*Philosophy and Phenomenological Research*)，第 8 卷，1947 年，第 133－147 页。此文部分是对我的“对确证的一条质疑”的回应，我的文章的出处见第一章脚注 16，边码 25 页。此讨论后来又有一回合，我的文章为“论确证理论的病症”(On Infirmities of Confirmation Theory)，《哲学与现象学研究》，第 8 卷，1947 年，第 149－151 页；卡尔纳普的文章为“答古德曼”(Reply to Nelson Goodman)，同杂志，同卷，第 461－462 页。

是表现良好的在类律假说中容许的谓词，而后两者是表现不好的(ill-behaved)谓词。但是说前两者是纯定性的而后两者不是的论证，对我来说似乎完全没有根据。显然正确的是，如果我们从“蓝色的”和“绿色的”开始，那么用术语“蓝色的”和“绿色的”以及一个时间项就可以说明“格路”和“伯力”。但是，同样正确的是，如果我们从“格路”和“伯力”出发，那么用术语“格路”和“伯力”以及一个时间项就可以说明“蓝色的”和“绿色的”；比如说，“绿色的”适用于
80 时刻 t 之前被检验并且只在此情况下它们为格路的宝石以及只在此情况下它们为伯力的其他宝石。因此，定性(qualitativeness)是一种完全相对的事情，并且它本身不能建立起谓词的二分。这种相对性似乎被那些主张谓词的定性特性是其良好行为的一种判据的人完全忽视了。

当然，人们可能会问，由于我们未必把它们用在预测当中，我们为什么要操心像“格路”这样的不熟悉的谓词或者操心一般的偶然假说呢。如果我们的定义对于被常规采用的假说奏效，那么这不正是我们所需要的一切吗？从某种意义上说，确实如此；但是，只有在我们不需要定义、不需要归纳理论并且根本不需要知识哲学的意义上才如此。在日常生活中和在科学研究中，我们没有它们照样过得很好。可是，只要我们寻求理论，我们就不能以我们在实践中可以回避它们为理由而原谅来自所提出之理论的严重反常。我们正在考虑的奇怪情况是临床上纯粹的情形，虽然在实践中很少遇到，但能够最好地展现一种流传广泛的、破坏性的疾病的症状。

到目前为止，对于如何把类律的或可确证的假说与偶然的或

非可确证的假说区分开来的提问，我们既没有任何答案也没有解
答它的任何有希望的线索；并且一个初看起来似乎很小的技术困 81
难被认为是发展一种令人满意的确证理论道路上的一个巨大的障碍。正是这个难题，我把它称作新的归纳之谜。

5. 有关投射的普遍性难题

在本讲座的开始，我表达了这样的意见，归纳难题依然没有被解决，不过，今天我们面对的困难并不是老的困难；我已尝试勾勒出已经发生的变化。为归纳辩护的难题已经被界定确证的难题所取代，并且这留给我们的工作是，对付剩余的区分可确证假说与不可确证假说的难题。人们可能粗略地说，原先的问题是，“为什么假说的正面实例为预测进一步的实例给出了根据？”而新的问题是，“什么是假说的正面实例？”并且留下的关键性问题是，“什么样的假说被其正面实例所确证？”

因此，对于归纳难题，当代人付出的巨大努力改变了我们的苦恼，但几乎没有减轻我们的苦恼。关于归纳的原始困难源于认识到，任何事物可以从任何事物得出。于是，在尝试使用后承关系的反题(the converse of the consequence relation)界定确证的过程中，我们发现自己面临着令人困惑的类似困难，我们的定义可能使任何语句确证其他任何语句。并且，此时，我们在大幅度修正我们的定义之后，我们依然得出老的破坏性结果：任何语句将确证任何语句。直到我们找到一种办法，对假说施行某种控制，把它们限定
在容许的范围内，我们的定义才能真正区分有效的归纳推理与无 82

效的归纳推理。

休谟之解释的真正不恰当之处，不在于他的描述进路，而在于其描述的不精确性。根据他的看法，经验中的规则性，引起了期待的习惯；并且因此，正是与过去的规则性相一致的预测，才是正常的或有效的。但是休谟忽视了一个事实，某些规则性确实建立起此种习惯，而某些则不；基于某些规则的预测是有效的，而基于其他规则的预测则是无效的。你已经听到的我说的每句话均发生于此讲座最后一个句子之前；但是，我希望，这不会造成你期待你将要听到我说的每句话都会先于那个句子。再次考虑我们的宝石案例。所有在时刻 t 之前被检验的宝石都是绿色的；这会引导我们期望并且确证预测：下一个宝石将是绿色的。但是，如果所有被检验的宝石是格路的，这并不会引导我们期望并且也不确证预测：下一个宝石是格路的。绿中的规则性（regularity in greenness）会确证对进一步情况的预测；格路中的规则性（regularity in grueness）则不。说有效的预测就是基于过去规则性的预测，却未能说出是**哪种**规则性，因而这种说法是相当空洞的。对于规则性，只要你想找它们，就会在任何地方找到。如我们已经看到的，休谟未能认识到并且处理这个难题，当代他的最新传人甚至也步其后尘。

结果，在当前的确证理论中，我们拥有的定义只对某些情形适当，因而只能用于描述那些迄今它在其中适当的情况。此理论在
83 它有效的地方生效。假说被与它相关的语句以一种假定它被如此确证的已描述好的方式确证。这真是一笔好买卖，好比拥有了一个理论，理论告诉我们某平面图形的面积等于底乘高的一半，但没有告诉我们它对什么样的图形成立。我们必须设法找到一种办

法，来区分我们的定义可以应用的类律假说，与我们的定义不能应用的偶然假说。

今天，我一直只在讲归纳难题，但是所说的内容同样适用于更一般的投射难题。如早先所指出的，从过去情况到未来情况的预测难题只是从任何状况集合到其他集合的投射难题的一个相对较窄的形式。我们看到，与素质和可能性有关的一整套麻烦问题都可以归结为这个投射的难题。这就是新的归纳之谜——它是比区分可投射假说与不可投射假说更广泛的难题——为什么既令人恼怒又十分重要的原因。

我认为，我们的失败教导我们，类律的或可投射的假说不可能仅仅依照句法的根据，甚至不能依照这些假说某种程度具有完全普遍的意义这样的根据，而得到区分。我们唯一的希望在于，再次重新考察此难题并找到某种新的进路。这将是我最后一讲的内容。

84 第四章　投射理论展望

1. 用新眼光看那个难题

确证难题或者有效投射的难题是，界定证据或基础情况作为一方与假说、预测或投射作为另一方这两者之间某种关系的难题。鉴于对此难题大量而多样的攻坚战并未给我们带来答案，我们可能要问自己，我们是否仍然处于误解我们任务之本性的道路上。我认为，回答是肯定的：对于允许达到那种结果之手段的一种限制不当的表述，我们最终还是误解了对所要求结果的表述。

的确，我们所要的是一种精确而普遍的方法，此方法要讲出哪个假说为给定证据所确证，或者哪个投射可从给定证据中有效地得出。因此，出现的每一种特殊情况都确实关系到给定证据与被
85 抱有希望之假说的关系。换句话说，虽说确证的确是证据与假说之间的一种关系，但这绝不意味着我们对此关系的界定除了此证据和假说外什么也不能参考。事实是，不管何时我们着手确定从一给定基础到一给定投射之有效性，我们都拥有并使用大量其他相关知识。我不是在谈论附加的证据陈述，而是在谈论过去实际上作出之预测及其结果的记录。这些预测——不管是成功还是失

败——是否有效还是个疑问；但是某些预测被作出来了以及它们的结果如何，这些都是可以合法运用的信息。

大家公认，恰当利用这些信息要求某种细心。我们的确不能赞成这样的天真想法，以为归纳之有效只是由于其过去的成功。有些人时常主张，从假说的过去情形对未来的预测是根据假说对过去预测之成功而被辩护的，正好由于认识到这一点，整个难题被解决了。批评者旋即指出，关于从过去的情形到预测未来的情形之有效性所提出的所有疑问，也都可以从过去的成功到预测未来的成功之有效性方面提出来。但是，可合法地运用的信息已经被不恰当地使用这一事实，不应当引导我们将信息弃之不用。在我们目前的困境下，我们更不能剥夺自己采用可证明有用的任何正当的办法。

所以，我认为我们应当认识到，我们的任务是，采用任何不导致循环论证、满足我们关于说明之可接受条件的其他要求并且可以合理地假定当一个归纳有效性的提问出现时可以获得的任何方法，界定证据与假说之间确证或有效投射的关系。除了其他东西外，这将包括过去的预测及其成功与失败的某些知识。我认为，在对付我们的难题时，很少（如果有的话）存在任何明确的建议要预 86
先排除使用这样的知识。情况更可能是，长期以来人们认为此类知识是不相干的，这种习惯已引导我们将此知识几乎完全忽略。因此，我现在所建议的，与其说是对我们难题的重新阐述不如说是一种重新定向：我们认为我们自己并非头脑空空面对此难题，而是带着某些知识或者已被接受的语句，这些东西在通向难题的解决中可以合理地加以运用。

不过，这种轻度的重新定向令我们的难题展示出全新的面孔。因为，如果我们不但从证据和假说开始，也考虑到过去的投射，那么我们的任务就变成了基于实际的投射去界定有效投射或者可投射性（projectibility）。显然，这是典型的素质难题（problem of disposition）。给定明证谓词“被投射的”（projected）以及一定的其他信息，我们必须定义素质谓词“可投射的”（projectible）。如我们所看到的，这就把它自身归结为投射谓词“被投射的”的难题。一开始，这似乎很令人泄气；因为似乎是，我们必须先解决投射难题才能对付它，好像我们必须先界定有效投射，我们才能有效地投射“被投射的”。不过，实际上事情并没有那样糟。我们的最终目标是以完全的普遍性去定义有效投射或者可投射性。但是，这也可
87 以被视为一个特定的投射难题：视为投射特定的谓词“被投射的”的难题，或者换种说法，界定特定的素质谓词“可投射的”的难题。正如我此前专门评论的，[①]在我们已经解决一般问题之前，我们根本没有理由为什么不能尝试处理一个特定的素质难题。并且在界定谓词“可投射的”这个特定难题的案例中，赌注是很高的；因为，如果我们成功地解决了它，那么我们就解决了那个一般难题。实际上，有关素质的一般难题已经被归结为投射特定的谓词“被投射的”的难题。

我们难题的重新定向，可以用某种更形象化的语言描绘出来。休谟曾设想，心灵被它所观察到的规则性调动起来，并按照与它所观察到的规则性相一致的方式，作出预测。这就留给他区分确实

① 至于一丝安慰，可参见前面正文第二章第三节中的评论。

能够如此调动心灵运转的规则性与那些不能调动心灵运转的规则性的难题。相反，我们认为心灵从一开始就在运转，在一系列不同方向上触发本能的预测，并且逐渐纠正其预测进程、开辟新的预测进程。我们问的不是预测怎么被作出，而是在假定它们被作出的情况下它们怎么会被筛选为有效的或无效的。当然，实话说，我们并不关注于描述心灵如何运作，而是关注于描述或者界定它所作出的有效投射与无效投射之间的区分。

2. 实际的投射

在一个假说的若干实例已被检验并且被确定为真之后，并且在假说的其余实例被检验之前，可以称这个假说是**实际被投射的**
(*actually projected*)。假说不必是真的，或者类律的，或者甚至合 88
理的；因为我们此处正在谈论的，不是什么东西应当被投射，而是什么东西事实上被投射。进而，我们不关注假说是否在没有时态的意义上——存在某个过去、现在或未来的时刻，假说在此时刻被投射——被投射的问题。在任意给定时刻我们只关注已经作出的投射。

要注意的是，即使到一个给定时刻所有被检验的实例都是正面的，并且即使假说是真的，此假说在那个时刻(或者任意其他时刻)依然可能或许不是实际被投射的。实际投射涉及对假说的显式的、隐含的阐述和采纳，涉及对进一步情形检验结果的实际预测。在那一时刻假说或许可能——甚至或许可能是合法地——被投射，在此阶段都不在考虑之列。正是在这里，单纯从假说和实例出发与从实际投射出发的区别显现出来了。

对实际投射全面而精确的说明可能要求非常细心的表述，比如关于“采纳一个假说”(adoption of a hypothesis)是什么意思的刻画。显然，并不需要断言必定为真，但类似于足以比备选假说(alternative hypothesis)更可信之类的声明还是需要的。我们可能容易地把自己卷入关于此类问题或类似问题无休止的讨论中；但是，发展通常的确证理论不要求精确地说明证据是如何获得的或者精确地说明在接受观察语句过程中究竟涉及什么，我们的目的也不要求对此类问题作出回答。我们所需做的一切是，粗略地指明我们所说的观察语句或者证据语句是什么意思，随后，在假定
89 某些语句已经被视为证据语句的情况下，着手讨论确证问题。确定假说被此类语句确证的效果，的确取决于它们被是否真正接受为证据语句；但是我们对确证关系的定义，很大程度上独立于此种考虑。类似地，此处我们只需要扼要勾勒“说假说实际被投射”是什么意思(what is meant by saying that a hypothesis is actually projected)。在假定了某些假说在某些时刻被视为投射的情况下，我们就可以着手进行我们的界定任务了。基于应用我们的定义所作决策的效果，将再次取决于这些投射事实上是否已经被作出；但是，界定被投射者(the projected)与可投射者(the projectible)之间的关系，再次很大程度上独立于这种考虑。[②]

② 换句话说，如果我们已确证语句 E、E' 等在由适当的确证定义所刻画的关系中力挺假说 H，那么 H 是不是一个被确证的假说的问题，依然取决于 E、E' 等是否是实际的证据语句。类似地，如果我们已确定语句 P、P' 等在由适当的可投射性定义所刻

接下来我将频繁使用需要作简要说明的具有一定方便性的术语。在一给定时刻，不管一个假说是否是实际被投射的，假说的此番举例说明由于已经被确定为是真或假，于是可以被分别称作假说在那一时刻的**正面**(*positive*)实例或情况和假说的**负面**(*negative*)实例或情况。其余所有实例，则是**未被决定的**(*undetermined*)情况。例如，如果假说是

所有宝石都是绿色的，

并且 e 是一块宝石，那么，当发现 e 是绿色的之时

宝石 e 是绿色的

就是一个正面实例；当发现 e 不是绿色的之时它就是一个负面实例；而当还没有发现 e 是绿色的或者不是绿色的之时它就是未被决定的实例。被标明属于正面实例的宝石构成了此刻所讨论的假说的**证据类**(*evidence class*)，而未被标明属于任何正面实例或负 90
面实例的宝石构成那一时刻假说的**投射类**(*projective class*)。到一给定时刻为止，有某些正面实例或者有某些负面实例的一个假说，可以被称为在那一时刻**被支持的**(*supported*)或**被违反的**(*violated*)。一个被违反的假说是假的；而一个假的假说在一给定时

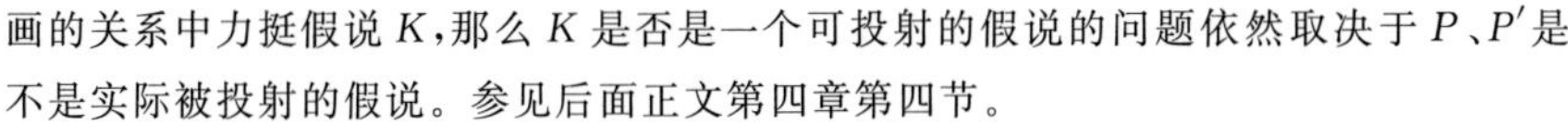
画的关系中力挺假说 K，那么 K 是否是一个可投射的假说的问题依然取决于 P、P' 是不是实际被投射的假说。参见后面正文第四章第四节。

刻可能是未被违反的。如果一个假说在一给定时刻，既有正面实例也有负面实例，那么它既是被支持的也是被违反的。而如果尚未有实例被确定，那么它两者都不是。一个没有任何未被确定实例的假说，被称为**被勘尽的**(*exhausted*)。

现在按照我的术语，仅当假说在所述的那一时刻具有某些未被决定的实例、某些正面实例并且没有反面实例的情况下，采纳一个假说构成了实际投射。也就是说，在假说被勘尽、未被支持或被违反的时刻，我不会说假说是被实际投射的。显然，采纳一个已被勘尽的假说，根本不涉及我们要说的投射。并且，为了方便起见，最好在不存在有利的直接证据或在面对直接的反证据(counter-evidence)的情况下，不把术语“投射”与假说的采纳联系起来。因此，虽然一个给定的假说可能经历投射、违反以及勘尽，但是投射必须先于违反和勘尽。

当假说的所有未被决定的实例都是未来实例时，假说的投射就是一种预测。不过，十分常见的是，未被决定的实例可能是过去的实例；而这时我们所具有的投射就不是预测。当然，未被决定的
91 实例的**确定**(*determination*)总是晚于所讨论的投射；不过，此实例可能仍然是对已先于那个投射所发生之事情的一个语句。预测一个语句的检验结果，并不相当于预测由那个语句所描述的事件(也许是过去事件)。由于实用主义有时加深了关于这一点的误解，[③]

③ 某些版本的实用主义熟练地摇摆于自明之理与明显虚假之间，既声称一个是坚不可摧的又说另一个是颇重要的。有人强烈主张，一个假说的真与重要性在于其预测的准确性。这是否意味着，重要的是，假说对未来是否为真？这完全是没道理的；因

于是我们应当特别提请注意，比如，一个假说在一给定的时刻可能尽管它的某些过去实例语句（past-instance-statements）事实上是假的，但是它可以保持为未被违反的；因为对一个假说的违反就在于它的实例之一**已经**被确定为假的。

于是，在一给定时刻，我们必须与其打交道的是，在各种时间一组异质假说投射的一份记录。这些假说中有一些自它们被投射的时刻起已经被违反了。其他一些假说已成功地通过了它们所经 92
受的此种进一步的测试；但是其中的一些假说由于此时已使其所有实例被检验并且被确定为真的，于是成为被勘尽的，并且不再能够被投射了。有些被投射的假说是假的。有些是稀奇古怪的。而有些假说则与其他假说相冲突。这就是我们的原材料。

显然，并非所有被投射的假说都是类律的或合法可投射的；并且并非所有合法可投射的假说都是实际被投射的。于是我们可以着手定义可投射性（projectibility）的任务，即把谓词“被投射的”（projected）投射到谓词“可投射的”（projectible）的任务。这个难题

为它使已被违反的语句“所有宝石是伯力的”为真，如果在时刻 t 之前未被检验的所有宝石是绿色的。那么这个教条意味着检验一个在未来的假说的唯一方法是通过在未来的测试？这当然没错。由于一个假说为真仅当对其所有实例为真，于是，它为真仅当对其所有未来的及所有未被决定的实例为真；但是，同样地，它为真，仅当对其所有过去的和所有被决定的实例为真。实用主义者也许会宁愿坚持，甚至关于过去情形我们能够学到的一切也是通过未来经验的手段；但是这同样正确，仅当它相当于说，其实完全没有必要，我们在未来能够学习到的一切，甚至关于过去情形能够知道的一切，都是我们在未来能够学习到的。

我并非在暗示实用主义完全错了或者完全空洞，不过必须细致区分它的论题与错误的表述“对未来实例的真对于一个假说的真来说是充分的”，以及空洞的表述“真的假说是真的以及未来的检验是未来的”。

有多方面的复杂性。它既要求扩充也要求排除。[④] 我们面临双重任务，一方面要排除那些不能被列为可投射的但实际被投射的假说，另一方面要收入没有被实际投射的但合法地被投射的假说，这是被投射的不可投射者(projected unprojectibibles)与未被投射的投射者(unprojected projectibles)的双重难题。

3. 冲突的解决

目前我们集中关注在类型形式或假说形式上简单普适的
(simple universal)假说，即关注可以把某个谓词归于所讨论世界
中的全体或者归于其他某个谓词适用的全体的假说。进而，在某
93 一时刻可投射性必须是我们首先关注的；界定暂时不合格的可投
射性的任何问题，都要等一等。

显然，在我们的剔除过程中，第一步是，去掉到目前为止已被违反的所有被投射假说。如已经评论的，此类假说不再可能是被投射的，并且因而是不可投射的。基于类似的理由，所有不具有未被检验实例的假说相应地也要被剔除。不过，不能据此否认被违反的和被勘尽的假说在早先时候曾是可投射的。

第二步不是太明显，这一步是要削除那些虽然既不被违反也不被勘尽却是非类律的被投射的假说。比如，假定此时我们正在讨论上一讲中考虑的例子，所有被检验的宝石都是绿色的；并且假定假说“所有宝石都是格路的”被投射。我们如何排除它？我们不

---

④ 参考第二章脚注18，边码第56页。

能只假定此类投射从来不曾被实际作出。此类非法假说有时事实上被采纳；而如果你认为我是幻想过度、自寻苦恼的话，你可以通过武断地采纳其中一个而容易地排除它。

不过，这类投射通常会与其他投射冲突。如果假说“所有宝石都是绿色的”也是被投射的，那么这两种投射对于未被检验的宝石而言不一致。在说这些投射因此而冲突时，我们确实假定存在某种未被检验的宝石，对它而言，两个后承谓词中只有一个适用；但是此难题正是在此假定的基础上提出的。于是，我们如何设计一 94
种规则，利用这个规则就可以在这些互相冲突的投射间作出恰当的选择？我们已注意到，“绿色的”和“格路的”似乎恰好是彼此对称相关的。我们现在比以前有什么更好的招法来阐述它们之间的区别？

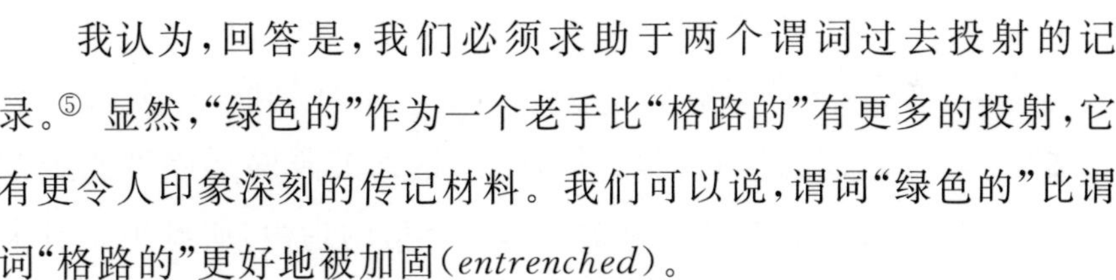

我认为，回答是，我们必须求助于两个谓词过去投射的记录。[⑤] 显然，“绿色的”作为一个老手比“格路的”有更多的投射，它有更令人印象深刻的传记材料。我们可以说，谓词“绿色的”比谓词“格路的”更好地被加固(*entrenched*)。

我们能够作出这种区分，只是因为我们是从过去实际投射的记录开始的。我们也许不能仅从假说和假说的证据开始而作出区分。对于每次“绿色的”被实际投射，或这样说，可能被投射，“格路的”或许也已被投射；这就是说，不管什么时候只要诸如

⑤　当诸如“所有 P 都是 Q”这样的一个假说被投射时，我们说谓词“Q”是被投射的。

所有如此这般的东西是绿色的

这样的假说被支持、未被违反和未被勘尽，假说

所有如此这般的东西是格路的

95 也同样被支持、未被违反和未被勘尽。[6] 因此，如果我们统计一下每个假说在这种意义上均可投射的所有场合，就会发现这两个谓词具有同样的表现。显著差别仅会出现于当我们只考虑每个谓词被实际投射的那些场合。

在如此郑重宣布这一点之后，我必须立即作一点修正。一个谓词的加固源于实际投射，但不仅仅是那个谓词自身的实际投射，还包括所有与它同外延的(coextensive)诸谓词的实际投射。某种意义上，变成为被加固的，不是单词自身而是它所选择的类(class)，并且谓词的加固性就是对那个谓词外延的加固性的省略说法。另一方面，那个类变得被投射，只能通过选择它的那个谓词的投射；加固性是从语言的用法导出的。但是，方言差异、所用缩

⑥ 这里引入的对“或许已被投射”(could have been projected)的解释在后面本章第四节的第一段还会进一步被讨论。假定到时刻 t 为止“绿色的”的所有出现和其后“蓝色的”的所有出现，被当作一个单词的“代币券”(tokens)。那个单词(即适用于所有这些情况并仅适用于这些情况的句法谓词)的名字，将的确被加固得不佳。但是这个单词的每次出现都会增强其他情况下每个谓词的加固性，当且仅当它们是同外延的(coextensive)。概言之，一个单词的加固性并不依赖于它的名字的加固性。因此，尽管可投射难题可以在任何句法层面出现，但我的处理可用于所有层面，并且这种处理并非如人们有时所指责的，仅仅把此难题由每一个层面推到了其上的另一个层面。

写的不同以及词汇上的其他变化并不妨碍有价值的加固性的自然
增强。[⑦] 进而，加固性不会因一个单词的重复投射而增强，除非那 96
个单词每次都有相同的外延。

于是，去掉不可投射的投射的一条原理是，如果一个投射与一个得到非常好加固的谓词的投射相冲突，那么此投射就应当被剔除。当然，冲突可以发生于两个得到几乎同样好或同样差加固的谓词的投射之间；不过此类冲突要用另外的方式加以解决，我们在此不讨论。[⑧] 当可以合理地怀疑一个谓词比另一个得到更结实的加固时，我们的原理不起作用；它只在差别大到很明显时起作用。我们的原初关系成立的条件是，对于任意两个谓词，第一个谓词比第二个得到好得多的加固。

此时我们像休谟一样正期待过去的重现，不过，既期待能观察到的复发特征也期待术语明确使用上的重现。我们某种程度上像康德，认为归纳有效性不仅仅取决于什么被表征，也取决于它被如
何组织；但是我们所指的组织通过语言的使用发挥作用，并且不是 97

⑦　谓词书写或者表达的所有同外延拷贝(*replicas*)(同样谓词“类型”的所有同外延“代币券”)，将有同等的加固性，此加固性是由所有这些拷贝和所有与它们同外延的其他表达的总投射数决定的。另一方面，一种表达的加固性不会由于与它不是同外延的表达之拷贝的投射而被增强。

⑧　得到同等加固的谓词的投射之间的某些冲突，可以通过其一或者两者与相比而言得到更好加固之谓词的投射的冲突来解决；其他冲突可以通过本章后面第五节阐述的手段来化解。不过，在其他许多情况下，作决策必须要等待进一步的证据——一种判决性实验。我们的任务不是解决假说间的所有冲突，只是解决那些涉及合法性或者有效性的问题。“排除”一个被视为不可投射的假说，显然并不涉及把它当作不真的假说而加以拒斥；因为尽管一个被接受为真的可投射假说的所有后承本身也必须被接受为真的，但其中许多(比如那些未被支持的或被勘尽的假说)将是不可投射的。

人类认知本性中不可避免、不可更改的东西。非常粗略地讲，我可以说，在回答问题“是什么东西使有效投射背后经验的那些回归特征与那些非回归特征相区别”时，我认为前者具有的那些特征是我们已习惯地投射的已被采纳的谓词所具有的。

我的建议绝不意味着，要排除不熟悉的谓词。首先，加固性与熟悉性并不是一回事。正如我们所知的，一个完全不熟悉的谓词可能是被很好加固的，如果与它同外延的诸谓词通常是被投射的；并且一个新谓词获得加固性的另外一种方法现在会得到说明。另一方面，一个非常熟悉的谓词可能被相当差地加固，因为加固性取决于投射的频率而不是单纯取决于使用的频率。但是，第二，把不熟悉的谓词统统清除掉，将会导致语言极端荒唐可笑。新的谓词如“导电”和“有放射性的”总是会被引入，并且不会只因为它们新颖而被排除。于是，我们的规则规定对此类谓词的约束只限于这样的程度：排除那些与得到非常好加固的谓词的投射相冲突的谓词的投射。不是谓词而是某些被投射的假说要被排除；并且在每一种情形中排除是基于与一个压倒一切的假说的比较，不只是基于被投射谓词新颖性或古怪性的一般理由。在进一步阐明规则的时候，我们必须防止把所有新的东西同所有坏的东西一起扔掉了。被加固的资本在保护自身之时，也必须容许全方位的自由冒险行为。（见本章第五节）

于是，在许多方面，我们目前的进路完全不同于任何单纯打发掉不熟悉的谓词的想法。不过，此时一种很不同类型的反驳可能
98 被提起。我们无法把握变幻莫测的命运，我们难道不是相信正是正当的(right)谓词自身顺利地得到加固吗？对于所述的那些有

冲突的情形，难道我们不是必须说明为什么真正可投射的谓词恰好就是较早的并且更经常被投射的谓词吗？而且，事实上，它被如此经常地投射难道不是**因为**它的投射是如此经常显然合法的，于是我们的建议是循环论证的吗？我认为不是这样。首先，我起初的建议是，在这些情形中，被投射谓词的优势加固性是对可投射性的一种充分的指示，尽管不是必要的指示；而且我不太关心加固性与可投射性究竟谁先出现。虽然此提问被认为是一个通有的问题，但对我来说该反驳根据不足。在新谓词的情形中，任何投射的合法性的确不得不依据它们与较旧谓词的关系来判定；并且新谓词是否将变得频繁被投射，取决于此种判定。但是，对于我们老生常谈的谓词的主体部分，我认为，对可投射性的判断是从习惯投射得来的，而不是习惯投射是从对可投射性的判断得来的。为什么只有正当的谓词恰好幸运地成为被较好加固的？原因只在于被较好加固的谓词因而变成了正当的谓词。

如果我们的批评者是问“已经变得被加固的谓词的投射为什
么恰好是那些将要实际成为**真的**(*true*)那些投射呢?”我们的回答 99
是，我们没有任何办法知道它们将实际成为真的。当时候合适时，假说“所有宝石都是绿色的”可能被证明为假，而假说“所有宝石都是格路的”可能被证明为真。我们没法保证。投射之合法性的判据，不能是尚未被判定的真理(truth)。如我们所见，认识不到这一点，要为对归纳难题的某些最恶劣的误解负责。

4. 推定的可投射性

上面用来化解冲突的原理现在需要发展成一种更明确、更普遍的规则。接下来，我将用“前件”、“后件”分别代表一个条件句假说的“前件谓词”和“后件谓词”。两个在加固性上是不对等的，如果其中一个比另一个有被较好地加固的前件并且有一个被一样好地加固的后件，或者有一个被较好地加固的后件和一个被同样好地加固的前件。两个假说是相冲突的，如果它们不能互相导出(并且两者都是被支持的、未被违反的和未被勘尽的)，而且它们把两个不同的谓词赋予某种东西，使得只有一个是实际适用的。

我们的初步原理首次可以用一种显要的方式强调出来。对于不想要的假说，如 H_1

所有宝石都是格路的(grue)，

如果它是被投射的，此时没有合法的相冲突的假说显现为被投射的，我们如何处理 H_1 这样的假说呢？我们仍然可以排除 H_1，理由是，它与一个非被投射的(non-projected)假说，比如 K

100 所有宝石都是绿色的

相冲突，K 有一个同样好地被加固的前件谓词和一个相比而言好得多的被加固的后件谓词，并且是被支持的和未被违反的。实际上,这相当于说,H_1 与包含被适当加固的谓词——它不是被投射的但或许可能已被投射(could have been projected)——的一个假说相冲突。此处"或许可能已被投射"是一种没毛病的习惯性说话方式,只用来表达在所讨论的时刻假说是被支持的、未被违反的和 101
未被勘尽的。[⑨] 现在我们特别提前指出,一个谓词的加固性必须完全以**实际的**投射为根据来进行判定;但是一旦相关谓词的加固性已被判定,我们就不需要参照那些假说——虽然是实际的[⑩]但不是实际被投射的,以刚界定的精确说法来讲只是或许可能已被投射。因此,为了排除不合法的相冲突的假说,我们不再需要依赖于已实际被投射的一个适当的假说。

现在让我们尝试阐述一个普遍规则,然后考虑如何把它用到更进一步的情况。由于只有被支持的、未被违反的和未被勘尽的假说是可投射的,于是目前我们可以把注意力只集中在这些假说上面。在这些假说当中,如果两个假说相冲突,并且如果 H 得到

---

⑨ 必须记住,一个假说仅当它未被勘尽之时才能是被投射的。因此,为了说明的目的,当我们假定一个给定的假说在一给定时刻是或者或许可能是被投射的之时,那么我们是在假定它还有诸多实例有待被确定。在上述的案例 K 中,它是未被勘尽的,这一点可从它与 H_1 冲突的要求导出。根据上面解释的用法,在给定时刻实际被投射的假说,被包含于在那个时刻或许可能已被投射者之中。不过,一个或许可能已被投射的假说,并不意味着它或许可能合法地已被投射。

⑩ 一个假说或者其他命题在不讲时态的意义上说是实际的,如果在任何时刻——过去、现在或者将来——被讲出来或者被写出来。因此,一个假说可能是实际的,但到一个给定时刻它未曾被投射。确实,存在很实际的假说,它们在各种时刻或许可能是被投射的,但在任何时刻都不是被投射的。比如,某些假说只在它们被违反或被勘尽之后、或者只在它们的任何实例被检验之前、或者只在它们的否定过程中才可能被讲出来。

较好的加固且不与任何更好地得到加固的假说相冲突，[11]那么可以说 H 胜出 H'。我们的规则可以写作：一个假说是可投射的，如果所有与它相冲突的假说都被胜出；是不可投射的，如果本身被胜出；是非可投射的(nonprojectible)，如果它与另外一个假说冲突并且从未被胜出。因此，比如说，如果 H_1 被 K 胜出，并且于是 H_1 是不可投射的，此时所有在 t 时刻之前被检验的宝石被发现是格路的并因而是绿色的。[12]

102 不过，假定谓词"格朗"(grund)适用于到某一确定时刻 t 被检验并为绿色的所有东西，并且适用于没有被如此检验的并为圆形的(round)所有东西；并且假定在某个不晚于 t 的时刻，当所有被检验的宝石已被发现为绿色的，则 H_2

所有宝石是格朗的(grund)

被投射。在不存在与 K 相冲突的情况下我们如何处理这种不受欢迎的假说？当然，如果所有被检验的宝石也已经被发现都是方形的，那么 H_2 将被 H_3

---

⑪ 如所描述的，这只涉及到最多由三个被支持的、未被违反的、未被勘尽的而且依次得到更好加固的、互相冲突的假说构成的等级。由于只有被标明的加固度差别被纳入考虑，于是等级中不会有许多成员。但是超过三个成员的等级可能会被涉及到，如果必要的话可以作出更一般的定义，使得一个假说被胜出，如果它是一个等级的底部成员，此等级有偶数个成员，此假说如果是最大的话，此等级就不能向上扩展，如果最小的话，等级中每个假说只与其邻近的假说冲突。

⑫ 在此讨论中，对可获得证据的刻画通常是省略的。比如在目前的案例中，我们也心照不宣地假定某些宝石已在时刻 t 之前被检验，而宝石以外的其他某些东西可能已被发现或者可能未被发现是绿色的或某种其他颜色。

所有宝石都是方形的(square)

胜出。但是，如果所有在时刻 t 之前被检验的宝石已被发现是绿色的，不过或者都未被检验形状或者某些已被发现是方形的且其他的不是方形的，那么 H_3 或者未被支持或者被违反，并且因而不能胜出 H_2。不过，在这里 H_2 与得到同样好加固的假说 H_4

所有宝石是格赖瑞的(grare)

冲突(其中，一种东西是格赖瑞的，如果是绿色的并且在时刻 t 之前被检验，或者未被如此检验并且是方形的)，以至于 H_2 和 H_4 都是非可投射的。[13] 也就是说，在所讨论的时刻它们不是可投射的

或不可投射的。它们既不会作为可投射的而受欢迎，也不会作为 103
不可投射的而被打发掉；并且因此根据所陈述的证据，选择 H_1 而非 H_2 和 H_4 是有道理的。但是，非可投射性一般并不蕴涵非合法性。当需要进一步的证据以在它们之间作出判断时，[14] 即使最好地被加固的相冲突的假说也是非可投射的。

不过，我们可以假定所有在时刻t之前被检验的宝石是绿色

[13] 当某些宝石已被发现是方形的并且其他的是圆形的，我们可以从这两个假说退到较弱的假说“所有的宝石都是方形的或圆形的”，它并不与那两个假说冲突，却是可投射的，而那两个却不是可投射的。如果考虑统计假说，H_2 可能是不可投射的，被某种涉及宝石形状分布的假说所胜出；不过，处理统计假说是很复杂的事情，要求重新定义支持、违反、冲突等等。

[14] 非可投射的假说和其他假说之间可投射度上的差别将在后面的章节中考察。

的且为圆形的。在这些条件下，由于 H_3 是被违反的并且像 H_4 这样的假说被 H_5

所有宝石都是圆形的(round)

胜出，于是 H_2 避免了可能的冲突，有资格成为可投射的。而且坦率地说，H_2 的投射未受到损害，其中证据因而使两个被很好加固的假说 H_5 和 K

所有宝石都是绿色的

都是可投射的，并使得 H_2 可从它们的合取中导出。这不是说可投射的假说的后承总是可投射的；因为某些此种后承是不被支持的或者被勘尽的。但是可投射假说的后承满足可投射性的两个要求：它是未被违反的并且所有与其相冲突的假说都被胜出了。并且因而根据所给证据，由于 H_2 也是被支持的和未被勘尽的，所以是可投射的。

那么我们能够满意地说在此案例中 H_2 是可投射的吗？迟迟不愿意这样做，似乎是因为这样会混淆两种意义上的“可投射的”。
104 一种意思是，一个假说是可投射的，如果支持通常使之可信。另一种意思是，一个假说是可投射的，仅当实际的证据支持并使之可信之时。[15] 在第一种意思下，K 是可投射的。在第二种意思下，后面

[15] 第三种意思是，一个假说是可投射的，仅当在这两种意义上是可投射的。斯瓦茨(Robert Schwartz)正计划写一篇论文，讨论若干种可投射性中的某一些。

的大部分篇幅都试图表明，K 是不可投射的，办法是，指出违反或勘尽它或与没有被胜出的诸假说冲突的证据，从而剥夺其正常的由支持导出可信性的能力。另一方面，H_2 虽然通常是不可投射的，但通过指出既不违反也不勘尽它却胜过所有与之冲突的假说的证据，可以免除其正常的从支持导出可信性的无能。总之，正如一个正常的可投射的假说在不利证据面前可能失去可投射性一样，一个不是正常可投射的假说也可以在充分的有利证据面前获得可投射性。

除了具有麻烦后件的假说外，我们也必须处理那些有着麻烦前件的假说。[16]令谓词“爱莫鲁比”(emeruby)适用于在时刻 t 之前被检验颜色的绿宝石(emeralds)并且适用于时刻 t 之前未被检验的红宝石(rubies)；而且与以前一样，让我们假定所有在时刻 t 之 105
前被检验颜色的绿宝石都是绿色的。因此在不晚于时刻 t 的一个时刻，所有被检验颜色的爱莫鲁比都已是绿色的。不过，显然，在这一时刻，H_6

所有爱莫鲁比(emerubies)都是绿色的

的一个投射与 H_1 或 H_2 的一个投射一样都完全是无效的。当然，

---

⑯　早先，在单独考虑后件时，我已谈到一个谓词的加固性取决于此谓词的过去投射，即取决于作为被投射假说之后件的发生。类似地，一个前件的加固性取决于其作为被投射之前件的发生。一个给定谓词作为前件和作为后件的加固性可以不总是相同；但是比如在说一个假说的后件比另一个的后件被加固得好得多时，我总是在谈论两个谓词**作为后件**的比较加固性。并且类似地，对于前件的情形，相干的是它们**作为前件**的加固性。

如果在所讨论的那个时刻某些红宝石已经被检验了颜色并且所有如此被检验者被发现是红色的，那么 H_6 被与之冲突的假说 H_7

所有红宝石都是红色的

胜出。

但是，如果没有红宝石被检验颜色怎么办？比如说，如果所有蓝宝石(sapphires)都已是蓝色的，H_6 作为与同样好地被加固的假说

所有塞费鲁比(sapphirubies)都是蓝色的

冲突的结果将是非可投射的。并且，如果我们确实发现某种东西，比如埃菲尔铁塔，具有除了绿色以外的某种颜色，比如黑色，那么 H_6 将与某个诸如此类的假说

所有埃菲鲁比(Eifferubies)都是黑色的

相冲突。

不过，假定我们的证据被限于只是被检验的绿色绿宝石——实际上没有其他别的东西被检验颜色。在这个案例中，由于甚至总括性的假说

所有东西都是绿色的

将是可投射的，于是它的后承——比如 H_6——将未受损害。

最后，如戴维森(Donald Davidson)已注意到的，[17]考虑到前件 106
和后件，某些假说是非法产生的。考虑 H_8

所有爱莫鲁比都是格来的(gred)。

如果证据只由时刻 t 之前被检验的绿色的绿宝石构成，那么这个假说被 H_6 胜出。不过，如果时刻 t 之前检验只由红色的红宝石组成这样的证据被加上，那么 H_8 就变成可投射的了；因为原来胜出的假说 H_6 现在自己被 H_7 胜出了。更进一步，在此案例中，H_8 可从两个可投射的假说 K 和 H_7 中导出。

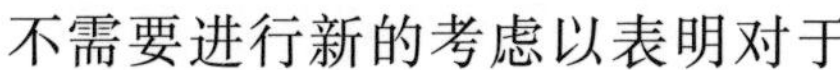

不需要进行新的考虑以表明对于

所有爱莫鲁比都是格朗的(grund)，

如果在时刻 t 之前没有绿宝石或者红宝石已被检验形状，或者某些绿宝石或者红宝石已被发现不是圆形的，那么它是不可投射的；如果所有被检验的绿宝石都是绿色的并且所有被检验的红宝石都是圆形的，那么它是可投射的。

当我们考虑到我们曾出于简化的缘故而忽略的加固性的一个

⑰　见“叫其他名字的爱莫罗兹”(Emeroses by Other Names)，《哲学杂志》(*Journal of Philosophy*)，第 63 卷，1966 年，第 778－780 页。

方面，我们规则的有效性增强了。首先，让我们令谓词“P”为给定谓词“Q”的父亲，如果“Q”的外延处于“P”所适用的诸类之中；[18] 例如，谓词“陆军师”（army division）是谓词“第 26 师的士兵”（sol-
107 dier in the 26th division）的父亲。现在，一个新的谓词可以从一个父谓词继承加固性。举例说，比较谓词“袋子 B 中的弹子”——适用于只在袋子中发现的诸弹子，与谓词“在之字转角 A 中的弹子”（marble in zig A）——适用于某种慌张选择的弹子。假定每个谓词作为被投射假说的前件是第一次出现。它们直接的或已赢得的加固性可忽略不计并且是相等的，但是前者可通过继承更方便地解决。它的父谓词“满满一袋子弹子”（bagful of marbles）作为投射的前件出现，其投射比“之字转角 A 中的弹子”的任何可比较的父亲所拥有的投射要多。具有相同已赢得加固性的两个谓词的继承来的加固性，可以通过比较它们各自父亲得到加固的好坏而得到测量。这也许可能要经常作出困难的和精致的判断，除非我们此时与早先一样只关注足够大的、容易辨认的差别。还要必须特别注意，比较两个谓词继承来的加固性，仅当它们彼此之间赢得的加固性相差不大时才派上用场。于是可以说，赢得的加固性奠定了加固性的主要水平，只是在这些水平之内继承来的加固性才起到辅助分级的作用。因此，一个谓词比另一个谓词得到好得多的加固，如果前者比后者具有大得多的赢得的加固性，或者具有同等的赢得的加固性并且前者比后者拥有更大的继承的加固性。

---

⑱ 一个谓词与一个人不同，可以有任意多个父亲。还要注意，“Q”的一个父谓词是与“Q”同外延的每个谓词的父亲。

我们的规则现在相当强大了，当容许引入可接受的新谓词时，对范围广泛的各种案例能得出适当的结果。更进一步，虽然我们是从实际投射入手的，但规则显然适用于所有假说，不管被投射与 108
否；也就是说，按照规则一个不是实际被投射的假说可以是可投射的，并且可以胜出其他假说。实际上，我们的规则为我们提供了下述定义：一个假说是可投射的，当且仅当它是被支持的、未被违反的和未被勘尽的，并且所有与之相冲突的假说都被胜出；它是非可投射的，当且仅当它与一个与之相冲突的假说一起是被支持的、未被违反的、未被勘尽的和未被胜出的；它是不可投射的，当且仅当它是未被支持的、被违反的、被勘尽的，或者是被胜出的。

不过，这些阐述还是临时性的，并且这里定义的可投射性最多是推定的可投射性。三种类型的划分是粗略的和暂时的。分配到同一种类型上的诸假说在可投射度上可能相差很大；并且一个给定假说的可投射度可能受间接证据的影响。

5. 比较的可投射性

在推定可投射的假说当中，可投射度的初始指数(initial index)是完全根据比较加固性(comparative entrenchment)来确定的。但是，现在需要特别关注的是导致较高或者较低终极指数(ultimate index)的因素。

比如，考虑假说 H_9

袋子 B 中的所有弹子球都是红色的，

其中 B 是最近发现的弹子袋子堆 S 中的一个袋子；并且让我们假定证据使得 H_9 是推定可投射的。H_9 具有被很好加固的后件但
109 其前件没有赢得的加固性只有中等程度的继承来的加固性，于是 H_9 不会拥有较高的初始可投射性指数。现在进一步假定，我们已从堆上清空其他一些袋子，并且已发现，虽然被如此检验的不同袋子中的弹子有时具有不同的颜色，但是在每个袋子中所有的弹子仍然具有相同的颜色。这个信息，当然对 H_9 并不提供直接的支持和反驳证据，但以下述方式明显增强了 H_9 的可投射性：每次我们都发现在给定的袋子中所有弹子都具有相同的颜色，我们建立了假说 G

堆 S 中每个袋子里的弹子在颜色上都是均一的[19]

的一个正面实例；通过如此确证 G 我们增强了其未被确定的实例的可信性，其未被确定的实例当中有陈述 G_1

袋子 B 中的弹子在颜色上是均一的；

---

⑲ 我已假定，来自每个被清空的袋子的每一个弹子均已被检验颜色；但是，真正要求的一切是，我们对每个袋子已检验了足够多弹子以至于愿意把陈述"那个袋子中的所有弹子都具有一定的颜色"作为 G 的一个正面实例而接受。如早先所指出的，导致一个假说的一种被确定状况之检验的本性，与我们的中心难题不相干。正如瞄一眼一个弹子的一个侧面就足以接受证据陈述"那个弹子是红色的"，同样，看一看一个袋子中的弹子可能也足以令人接受证据陈述"那个袋子中的所有弹子都是绿色的（比如说）"。换种说法，被投射的假说有时可能被接受为其他假说的正面实例。

并且通过如此增强 G_1 的可信性，我们就增强了 H_9 从其自己的正面实例中导出的可信性。简言之，通过增强 G_1 的可信性，G 的证据增强了 H_9 的可投射性。

这不等于说 G 的证据在任何意义上支持 H_9 而反对这样的假 110
说

袋子 B 中的所有弹子都是蓝色的。

显然，对于只在它们所赋予的 B 中所有弹子的某种单一颜色上有差别的诸假说，G 是完全中立的。但是，如果这些假说当中的一个是推定可投射的，[20] 如我们此处已假定 H_9 为推定可投射的那样，那么从这个假说的正面实例到未被确定的实例所传递的可信性，会随着 G 的证据的增强而增强。一个假说如果没有正面实例则不能被确证，但是它的正面实例确证它只能达到这样的程度：它是可投射的。在假说的确证过程中，假说的正面实例数与其可投射度是相当不同的因素。

显然，H_9 的可投射性，可能与 G 很相像透过与 H_9 有关的其他假说，受到其他信息的影响。让我们令 G 是 H_9 的一个**肯定性上位假说**（*positive overhypothesis*），并且一般来说，一个假说是第二个假说肯定性上位假说，如果第一个假说的前件和后件分别是

⑳　至多一个这样的假说是推定可投射的。因为一个推定投射的假说必须是被支持的；并且把一种颜色赋予 B 中所有弹子的一个假说如果被支持，那么把一种不同的颜色赋予它们的任何假说则被违反。

第二个假说之前件和后件的父谓词。因此，如果 B 是一个小袋子并且处于犹他州，那么假说

111 所有小袋里的弹子在颜色上都是均一的。

处在犹他州的所有袋子里的弹子在颜色上都是均一的。

堆 S 中所有袋子里的弹子都具有某种均一的暖色。

以及其他一些假说，都将是 H_9 的肯定性上位假说；并且作为推定可投射的并且因而是被支持的和未被违反的，H_9 可从它们中的每一个中推导出来。但是一个假说，不管是不是上位假说，都不会自动地把自己的可投射度传递给一个后承。H_9 的可投射度在多大程度上会被这些上位假说加强，将取决于若干因素。

在某些情形中，一个假说的可投射性甚至根本不会被肯定性上位假说——此假说很好地得到支持并且未被违反——增强。不是推定可投射的上位假说，不具有加强的效果，因为可以采用这样的一个假说把完全不相干的信息与一个给定假说联系起来。例如，如果许多海军军舰已被检验并且发现每艘军舰在颜色上都是均一的，并且如果谓词"贝格丽特"(bagleet)恰好适用于海军军舰和袋子 B 中的弹子，那么

每个贝格丽特在颜色上都是均一的

是 H_9 的一个未被违反的、得到很好支持的、肯定性上位假说。不过，显而易见，我们关于海军军舰的信息没有给 H_9 的可投射性贡

献任何东西。只有推定可投射的上位诸假说才算数；而有关贝格丽特的那个假说不是推定可投射的；它将与这样的一个假说

所有贝格马克在颜色是混杂的

相冲突，其中“贝格马克”（bagmark）恰好适用小汽车的样式（makes）和袋子 B 中的东西。

进而，一个上位假说具有的效应，将取决于它的可投射度。即使只得到少数正面实例支持的一个高度可投射的上位假说，也可 112
以相当明显地提高一个给定假说的可投射性。另一方面，具有微不足道可投射性的一个上位假说，无论得到如何好的支持，也不会比那种甚至不是推定可投射的假说拥有更大的影响力。因此，我们关于堆 S 中其他诸袋子东西的信息对 H_9 的可投射性所具有的作用，将取决于 G 的可投射性。而 G 的可投射性当然将是被 G 的上位假说所修正过的其初始可投射指数。因此，要确定 H_9 的可投射度，就要求确定像 G 这样的上位假说的可投射性；而这依次还将要求确定像 J

犹他州的每堆弹子在颜色斑杂分布上是均匀的（homogeneous）

一样的 G 的此类假说的可投射性（其中，一个堆在颜色斑杂分布上是均匀的，是指或者每袋子东西在颜色上都是均一的，或者每袋子东西在颜色上都是混杂的）。但是，我们不必担心我们已启动了

一种环状的旅程或者一种很长的旅程；终点确实已经在望了。因为，很明显，由于 J 的后件的父谓词都不具有可观的加固性，不管是直接的还是继承来的，于是 J 的上位假说只能具有极低的初始可投射性指数。而且如我们一会儿就会看到的，当初始指数小到
113 可以忽略不计时，最终的可投射度也会是小得可以忽略不计。因此，J 的上位假说都不会具有任何可观的投射度，并且于是没有一个能够在相当程度上修正 J 的初始投射性。因此，这就决定了，在确定 G 的可投射性以及 H_9 的可投射性中需要的 J 的可投射性，不会走向越来越高的水平。

如我们已经知道的，通常具有一个或两个几乎没有被加固的谓词的一个假说，将不可能是推定可投射的。除非它是一个得到更好加固的可投射的假说的一个后承，否则一个被同样好地加固的与之相冲突的假说通常可以被设计出来。进而，我们能够轻松证明，具有可忽略不计初始可投射性指数的一个假说，将具有可忽略不计的最终可投射度。一个假说获得了一种可忽略不计的指数，如果它有这样一个谓词：实质上没有赢得的或继承来的加固性。如前所述，转角 A 处是某种胡乱选择的弹子，假说

处在转角 A 处的每个东西都是红色的

具有一个可忽略不计的初始可投射性指数，因为前件不具有可观的加固性。但是，此时这个前件“处在转角 A 处”由于不具有可观的继承来的加固性，于是也不可能有带有任何可观加固性的父谓词。并且由于我们假说的任何肯定性上位假说，必须包含“处在转

角 A 处”的一个父谓词，于是每个此种上位假说将只具有一个可忽略不计的指数。根据类似的论证，此种上位假说的每个上位假说，以及沿此等级不断上升的每个假说，将具有一个可忽略不计的 114
初始指数。但是，不具有可观的初始指数的一个假说可以获得被增强的可投射性，只有通过一种可观的可投射的上位假说。因此，在所讨论的这个等级中，处在任何水平的一个假说，可以获得可观的可投射性，只有通过在下一个更高的水平上的某种上位假说；而处在下一更高水平上的上位假说也处在同样的困境中。在此等级序列中，我们不可能达到这样一个假说，它根据自身就是可观地可投射的，并且据此能够增强其下面诸假说的可投射性。因此，我们关于转角 A 的假说的初始的可忽略不计的指数，将保持着不被修正；并且任何具有极低初始指数的假说，将具有极低的最终可投射性指数。

这会引出两个有用的结果。其一，如我们已经看到的，评估一个假说的过程不再需要向上一一检查没完没了的上位假说等级。其二，即使当一个如关于转角 A 的假说是推定可投射的，它之缺乏任何可观可投射度，可以从其具有较低的初始指数推断出来。

在这一点上必须作出明确的警告以防误解。第一，我并没有说具有比可忽略不计初始指数要大些指数的一个假说，就不能具有相当高些的最终可投射度。例如，由于一个没有赢得的加固性和不太多遗产的假说，可能拥有具有非常可观加固性的父谓词，于是包含这种谓词的一个假说可能拥有这样的一些上位假说：具有相当的威力，能够增强可投射性。进而，即使在某一时刻具有可忽 115

略不计的初始指数的一个假说，当状况变化时，比如当所讨论的谓词通过频繁投射变得被很好地加固之时或者当新的证据违反了与之相冲突的假说之时，可以显著地获得可投射性。所有这一切，连同已经说明了的事实：某些新的谓词从同外延的谓词或从父谓词那里得到加固性，都表明，抱怨我们的理论排除了不熟悉的谓词是多么没有根据。

必须考虑的因素，并不只限于上位假说的可投射性和证据。可以这样说，许多东西取决于一个上位假说的证据与所讨论的假说是如何紧密地结成联盟的，或者换句话说，取决于上位假说有多么特别。[21]有关来自堆 S 的被检验的数袋弹子的信息，与 H_9 的联系，显然比关于与犹他州的另一堆中的某个袋子里的弹子的一个类似的假说的联系，更为密切。比如，这样的一个类似的假说可称作 H_{10}

袋子 W 中的所有弹子都是红色的，

其中 W 是堆 T 中的一个袋子。我们对来自堆 S 的数袋弹子的检验结果告诉我们，上位假说 U

犹他州每个袋子中的弹子在颜色上都是均一的，

[21] 其中落入一个上位假说之下的若干假说具有不互相排斥的前件谓词，必须加以考虑的一个进一步的因素是，由两个或更多个这样的假说所主张的证据的重复程度。

与假说 G

堆 S 中的每个袋子中的弹子在颜色都是均一的，

具有完全相同数目的正面实例。不过，我们拥有的信息，在通过 U 来提高 H_{10} 的可投射性上，显然并不比通过 G 来提高 H_9 的可投射性上，更为有效。简言之，在可投射性和支持的总数相等的情况下，上位假说的效力与其普遍性反向地改变。人们立即会觉得，情 116
况可能正好相反，越广泛的和范围越大的上位假说必然拥有更大的效力。但是，这种事情只出现于一个更普遍的假说能够带来大量的更多的信息的情况，比如，其中 U 得到检验结果的支持，不但检验了来自堆 S 的数袋子，而且检验了许多其他袋子，也许包括来自 T 的某些袋子。当两个同等可投射的上位假说运用了同等证据时，那么更特别的一个具有更强的效力。

因此，不同的推定可投射的和可观可投射的上位假说的比较的效力，取决于三个因素。当此类假说是同样特别的并且拥有同等支持证据时，它们的效力随其可投射度而改变。当特殊性以及可投射度均相等时，效力随支持的总数而改变。而当可投射度以及支持的总数均相等时，效力随特殊性而改变。

此类细节的进一步的完整阐述已经超出了这里讨论的范围；因为它们中的许多对我们的进路而言既不新颖也不特别。假说的可投射性受到某些与之相关的假说的影响，或者存在的信息越多并且它与所讨论的假说联系得越紧密，相关信息的效力也就越大，这都没有什么新奇之处。并且以前就已提出过建议，说明诸假说间类律性的差别，要求借助于某些“背景假说”。但是，共同被忽略的基本事实是，背景假说本身的有效性取决于其可投射性；而我因此在这里强调了事物的这个方面。

117 只要处理比较的可投射性被限制于推定可投射的假说的范围内，那么在互相冲突的假说间作出选择就永远不会依赖于可投射度上的差异，因为两个推定可投射的假说不会存在冲突的情况。另一方面，一个假说是非可投射的，仅当它与另一个得到近似同样好地加固的假说相冲突；而某些此类冲突可以被解决，如果我们对可比较的可投射性的处理能够扩展到推定非可投射的假说。尽管相互冲突的非可投射的假说的初始指数可以是近似相等的，可投射度的差别却可以大得足以加以判别。换种说法，尽管每一个假说都不胜出另一个假说，某个假说也可能**重于**（*outweigh*）另一个假说；并且据此胜过其他竞争者的推定非可投射的假说，变成可投射的。于是，提出的问题是，这样的一个假说在综合可投射性上，如何与具有较低的可投射度的一个推定可投射的假说相比较；不过，再一次由于这样的一对假说从来不互相冲突，于是对综合可投射性的一种统一的测度，[22]不管它多么有价值，都不会被用于对任何冲突的解决。

当然，在某些情况下，互相冲突的推定可投射的假说的可投射度，与其初始指数一样，可能都是相等的，这时就需要进一步的证据——一种“判决性的实验”。有时，此种互相冲突的假说，虽然是

---

[22] 对于“可投射度”，我将继续指以上面描述的方法计算出来的“度”，而不是指这里提到但没有下定义的可投射性的综合测度（overall measure）。

推定非可投射的，却可以得到非常好的加固。由于肯定性的上位假说可能提高但不能降低一个假说的可投射度，于是我们或许可 118
以假定具有较高初始指数的一个假说，必然具有较高的可投射度。但是我们迄今还没有考虑的是，一个假说的可投射性可能经常被相关信息减弱而不是增强。如果每袋来自堆 S 的被检验的弹子，在颜色上是混杂的而不是均一的，那么显然 H_9

袋子 B 中的所有弹子都是红色的

的可投射性将因此而减弱。假说 M

S 中的每袋弹子在颜色上是混杂的

的证据减少了从 H_9 的正面实例到未被确定的实例所传递的可信性。现在，虽然 M 的前件是 H_9 的前件的一个父谓词，但 M 的后件不是 H_9 的后件的一个父谓词。相反，M 的后件对 H_9 的后件的一个父谓词是**互补的**(*complementary*)，其中“颜色上混杂的”适用于 S 中所有那些袋弹子并且只适用于那些弹子，对此“颜色上均一”并不适用。因此，M 尽管在句法上是肯定性的，却可以被称作 H_9 的一个否定性上位假说。有效性的判据，对于一个否定性的上位假说与肯定性的上位假说是一样的；并且一个假说的可投射性通过有效的否定性上位假说被弱化了，正如通过有效的肯定性上位假说被强化了一样。相应地，即使相互竞争的非可投射的假说是被高度加固的并被同等加固的，否定性上位假说施与其

上的相反效应也可能差别很大，并且作为结果而出现的可投射度
119 可以根本不同，以至于一个假说可以明显重于另一个假说。

当然，在任何情况下，M 和肯定性上位假说 G 都不可能同时有资格成为有效的上位假说；因为如果其一是被支持的，另外一个就是被违反的。不过，显然，如果 S 中的某些袋弹子在颜色上是均一的而其他的是混杂的，那么 H_9 的可投射性可能被强化或者弱化，这要看是哪一种情形占据支配地位。这类混合型证据的效应将通过一种统计上位假说——声称 S 中多数或者百分之多少袋弹子在颜色上是均一的（或混杂的）——来实现。与以前一样，在此这样一种上位假说的有效性将依赖于其可投射性。因此，到此为止关于简单普适假说的可投射性所说的东西，也必须最终被扩展到覆盖统计假说的情形。相应地，我会继续方便的评注性构造，在此构造中只有普适的假说需要纳入考虑。

顺便提一句，当我们专门处理推定可投射的假说时，否定性上位假说并没有进入考虑的范围；因为由于一个假说与其任意的否定性上位假说冲突，于是两者不可能都是推定可投射的。或者这两者在加固性上不相等，其中一个胜出另一个，或者两者在加固性上相等，但两者都是推定非可投射的。只是在后一种情形中，并且当我们对比较的可投射性的处理考虑到了推定非可投射的假说之
120 时，这样的否定性的上位假说才需要明确识别。

人们可能会仔细考虑把对比较的可投射性的处理向外进一步扩展可能带来的好处和产生的后果：扩展到由于被胜出而成为不可投射的假说，这些假说是被支持的、未被违反的且未被勘尽的。但我在此不会这样做。复杂程度已经加倍，远超出了可操控性，因

为一个假说的可投射度在可投射性、专门性和支持证据等各个方面受到为数众多的肯定性和否定性上位假说的影响。

为了评估一个假说的可投射性，在方法上把所有这些因素都纳入考虑，可能是一项令人沮丧的任务；而在实践中我们很少需要考虑所有这一切。当面对两个实际被抱有希望的假说间的一种冲突时，我们通常非常清楚如何去寻找一种有利的境况，使它们在可投射性上展现出显著的差异。进而，现在的考察还没有专注于描述或者规定一种程序。这里所关心的是界定而不是描述，是理论而不是实践。结果确实是复杂的、不完备的并且通常是暂时性的，远不是一种全面的和终极的理论。我所提供的一切，是对一些资源的一种研究，我们可以用一种新的进路来处理一个复杂的难题。如果你们期待更多，我会提醒你们注意本次讲座的标题。

6. 总结与推测

如果我确实是对的，那么，就会发现归纳有效性的根源就在于我们对语言的使用。人们公认，一个有效的预测就是与过去已观察到的规则性相一致的预测；而困难总是，如何说出是什么约束着此种一致性。我这里所发展的建议是，与业已观察到的规则性保持此种一致性，是我们语言实践的一种功能。因此，有效预测与无 121
效预测（或者归纳或投射）之间的界线，是依据世界如何运转的描绘的，并且已经用言语刻画出来、构想出来。

你们要记住，我们在对若干密切相关难题的考察中发现，实际上它们中的某些或许可以归结为可投射性的难题。因此我们已经找到了处理那个难题的一种方法，我们不但发现了处理确证理论的一个被忽略的方面的一种方法，同时也就回答了有关归纳的长久以来残留的问题，而且我们也已经找到了处理素质难题和可能构体难题的一种方法。

关于可投射性或者类律性的一种理论，也清除了通向对反事实条件句的令人满意的处理中的一个障碍；但是反事实句难题如我们所见，提出了它自己的其他一些难题。不过，一个进一步的建议在此可能也许有点帮助。我在先前曾说过，诸如 V

> 如果在欧洲胜利日那个便士(也)被放到我的衣袋里，那么它在欧洲胜利日或许(也)是银质的

这样的一个反事实句[23]的虚假性，源于这样的事实：必不可少的一般原理 P

> 在欧洲胜利日放到我衣袋里的所有硬币，在欧洲胜利日那天都是银质的

虽然是真的，却不是类律的。但是这种分析是不完备的。因为，假
122 定在如此这般的境况下 P 是类律的；比如再假定，我们已经检验
了许多不同的人在许多不同的日子放到衣袋里的若干组硬币，并

---

[23] 为了去掉模糊性，这里对早先用过的一个例子(见本书第一章，边码第 18 页)进行了少许修改。

且发现在每一组中所有的硬币都是由同样的材料制成的，并且假定其他能起到加强作用的许多证据也能获得。P 虽然被描绘成类律的，但还是不能支持 V，V 仍然为假。甚至一条真的定律有时也不能支持一个反事实句。我认为，对此的说明是，此处与之相冲突的半事实句

> 如果那个便士在欧洲胜利日（也）已被放入我衣袋里，那么它或许可能在欧洲胜利日仍然保持为铜质的

与此同时被更强大的定律

> 硬币会保持为同样的材料，与单纯的处所变化无关

所支持。反事实句 V 是无效的，不是因为缺少支持它的一条定律，而是因为它与一条得到更强支持的条件句相冲突。因此，对一个反事实句的适当解释，似乎要求关注它与其他条件句的冲突，以及关注解决这些冲突的原理。沿着这些线索，我们的确能够更好地解释这样一个反事实句

> 如果那根火柴已被摩擦过，它或许不会是干燥的

的虚假性，并且于是甚至能够回答关于反事实条件句遗留的最顽固的问题。

我们对可投射性的处理，在其他方面坚持了某种承诺。它可

能给了我们区分“真实的”(genuine)种类与单纯“人造的”(artificial)的种类或者更真实的种类与不大真实的种类的一种方法，并且因此使我们能够解释通常的语句，这些语句声称某些东西是或
123 不是同类的，或者比其他东西是更相似的。因为类的加固性(entrenchment of classes)确实是它们作为种类(kinds)真实性的某种测度；粗略地说，两样东西之间的关系越密切，因而就会有一个更特别的、被更好地加固的谓词适用于它们。关于种类的一种适当的理论，也会让有关思想、定律和理论之简洁性的某些麻烦问题变得清楚明白。而且它也可能暗示了处理随机性(randomness)难题的一条进路；因为，至少在一种重要的意义上，一个假说的被检验的实例当它们越相似时就越少随机性，粗略地说，这是因为存在一个更特别的、被更好地加固的谓词对它们都适用。让我们用两种不同的证据集的方式来描述假说“堆 S 中每袋子弹子在颜色上都是均一的”：第一组，所有被检验的袋子都来自 S 的最上层；第二组，袋子来自堆的各种层面，从堆里到堆外，等等。谓词“处在 S 的最上层”，它适用于第一种情况、具有较少随机性的一组，此谓词比任何同样窄或同样专门化的谓词——适用于第二种情况、有着更多随机性的一组的谓词——有着更好的(继承来的)加固性。

不过，所有这些推测都不应当被视为一种解决。我没有提供任何一种方便的和机械化的手段来处理所有这些难题或者其中任何一个。在发展我们关于可投射性的建议中我们不得不对付的复杂性已经给出了足够的警告，要得出站得住脚的理论还有相当的距离；甚至这项任务在各个细节上也是不完备的。我不能用令人鼓舞的保证“一切都完成了”来报答你们的专心听讲，也不能用或

许也令人安慰的保证“什么也不能做”来回复你们。我只不过用一种不算全新的路子探索了一些某种程度上根本就不新的难题。

索　　引

（索引中数字为原书页码，本书边码）

译 后 记

纳尔逊·古德曼(Nelson Goodman，1906－1998)是分析哲学、科学哲学和美学领域的大师级人物，他的《事实、虚构和预测》(一般简称“3F”书，因为首字母为三个F，古德曼还有类似标题的作品，如3W)与维特根斯坦的《哲学研究》、蒯因的《语词和对象》、斯特劳森的《个体:论描述的形而上学》、罗尔斯的《正义论》等当之无愧地列入近50年来最重要的10部西方哲学著作之中。[①] 但很奇怪的是，此前无论3F一书还是古德曼的其他著作(约9部)在中国内地从未被正式翻译出版过。

古德曼1906年8月7日生于美国麻省Somerville，1998年11月25日逝世于麻省Needham，享年92岁。

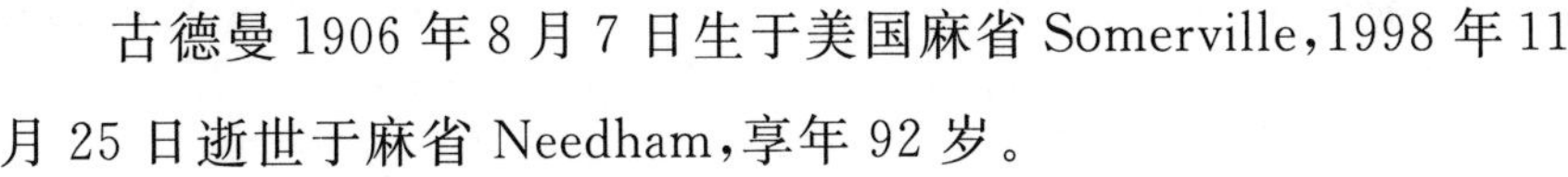

古德曼1929－1941年任沃尔克－古德曼艺术馆(Walker－Goodman Art Gallery)主任，1941年在哈佛大学获得哲学博士学位，1942－1945年在美国陆军服兵役，1944－1945年在Tufts学院任哲学讲师，1946－1951年任宾夕法尼亚大学哲学副教授，1951－1964年任宾夕法尼亚大学哲学教授，1964－1967年为

① 详见陈波，过去50年最重要的西方哲学著作，《哲学门》2003年第2期，湖北教育出版社2004年3月，第197－207页。

Brandeis 大学沃尔夫孙(Harry Austryn Wolfson)哲学教授,1968—1977 年为哈佛大学哲学教授。1967 年任美国哲学协会东部分会主席,1950—1952 年任符号逻辑协会副主席。他是美国文理学院(the American Academy of Arts and Sciences)院士、大英人文与社会科学全国学院不列颠学院(the British Academy,1902 年建立)通讯院士。担任过诸多重要学术讲座的主讲,如 1953 年伦敦的 Sherman 讲座,1962 年哈佛大学的怀特海讲座,1962 年哈佛大学的洛克讲座,1974 年伊利诺大学的米勒讲座,1976 年斯坦福大学的康德讲座,1985 年伯克利加州大学 Howison 讲座,等等。[②]

3F 书 1955 年出了第一版,不久哥伦比亚大学的库利(John C. Cooley)就在《哲学杂志》撰写了长篇文章介绍此书。[③] 此书出版之前和之后,相关内容均引起学界的广泛争论。Garland 出版公司 1977 年出版 Catherine Z. Elgin 主编的 4 卷本"古德曼的哲学"(内容为文选,前面有主编的导言):

1.《古德曼作品中的唯名论、建构论和相对主义》(*Nominalism, Constructivism, and Relativism in the Work of Nelson Goodman*),

2.《古德曼的新的归纳之谜》(*Nelson Goodman's New Riddle of Induction*),

3.《古德曼的艺术哲学》(*Nelson Goodman's Philosophy of*

---

② 有关生平介绍主要参考了 Curtis L. Carter, A Tribute to Nelson Goodman, *Journal of Aesthetics and Art Criticism*, Vol. 58, No. 3, 2000, pp. 251—253.

③ John C. Cooley, Professor Goodman's "Fact, Fiction, & Forecast", *Journal of Philosophy*, Vol. 54., No. 10, 1957, pp. 293—311.

Art)，

4.《古德曼的符号理论及其应用》(*Nelson Goodman's Theory of Symbols and Its Applications*)。

上述第二部(英文 290 页，收文 22 篇)与本书关系最密切，其他三部与本书也有相当的内在关联。古德曼的遗产十分丰富，值得深入研究。

古德曼 3F 书中涉及的哲学相当复杂，这里无意评论他的具体见解，但很愿意提到如下两点：第一，“在 20 世纪 50 年代早期，古德曼、蒯因和怀特(White)发表了一系列文章，意在废弃传统哲学的基本假定。他们提倡抛弃分析(analyticity)、必然(necessity)和先验(a priority)。如果他们是正确的，那么在内在性质与外在性质之间、在自然种类和人工种类之间就不存在差别了。”[④]刘易斯(David Lewis)和罗蒂(Richard Rorty)似乎都不同意他们的激进做法。但是，“古德曼也许比其他哲学家更深刻地认识到，拒斥二元论在根本上要求重构哲学的目标和手段。”[⑤]普特南似乎坚持了该校的一个传统(他与蒯因、古德曼都曾在哈佛大学任哲学教授)，《事实与价值二分法的崩溃》详细考察了分析与综合、事实与价值等二分法问题以及“逃避价值的科学哲学家”。[⑥]

第二，科学哲学家长期以来似乎格外关注归纳所引起的问题

④ Catherine Z. Elgin, Series Introduction, in *Nelson Goodman's New Riddle of Induction*, New York & London: Garland Press, 1997, p. vii.

⑤ ibid.

⑥ 详见：普特南，《事实与价值二分法的崩溃》，应奇译，东方出版社 2006 年，第 1 章和第 8 章。

而非演绎所引起的问题，以至于不断冲击所谓的“归纳难题”。这种非对称的态度实际上是有问题的。恩格斯当年就挖苦性地却是深刻地评论过：“归纳和演绎，正如分析和综合一样，是必然相互联系着的。不应当牺牲一个而把另一个捧到天上去，应当把每一个都用到该用的地方，而要做到这一点，就只有注意它们的相互联系、它们的相互补充。”[7]今天我们则可以利用非线性动力学混沌(chaos)关于“初始条件的敏感依赖性”的知识，更具体地阐述归纳与演绎的对称性：这两种推理方法在现实世界中运用时都不足以保证“必然得出”。归纳推理的不确定性，人们已经讨论无数遍，但少有人提到“演绎不确定性”。当我们提“演绎不确定性”时，需要明确一下，这不是指在纯数理逻辑的意义上演绎推导竟然导致不确定性，不是指数理逻辑也讨论与它相关的什么特征，而是指演绎逻辑用于现实世界的实际过程时冠以“演绎”字样的推理确实有可能导致某种不稳定性。举例说，演绎推理要用到分离规则 *Modus ponens*，也称 MP 规则：

(M)：若 A，则 B，

(N)：A，

(P)：所以，B 。

这个规则具有直观合理性，但并非没有问题，逻辑学家卡罗尔(Lewis Carroll，即《艾丽丝漫游奇境记》的作者)当年就曾讨论过与它有关的一个悖论。[8] 科学家麦克斯韦(James Clerk Maxwell)

---

⑦ 恩格斯，《自然辩证法》，人民出版社 1971 年，第 206 页。

⑧ L. Carroll, What the tortoise said to Achilles, *Mind*, 1895, 4, pp. 278—280.

和布里渊(Leon Brillouin)更是明确地指出 MP 规则运用于物理学时要特别小心。[9] 实际上科学哲学的“师爷”休谟(David Hume)早就指出 $p \rightarrow q$ 与 $p+\delta p \rightarrow q+\delta q$ 是根本不同的,两者不能互相推导,其中 δ 是小量。[10] 当代非线性科学则实证地表明,只有对于具有某种稳定性的系统,MP 规则才可以运用。这就意味着,在现实生活中和自然科学中,不但归纳推理需要辩护(并非时时处处需要辩护),演绎推理有时也需要辩护(当然也不是总需要辩护)。而且,这种辩护未必是哲学意义上的,而哲学辩护有时苍白的。[11] 实际上,任何推理都可能出错,[12] 除非那是完全无用的推理。自然科学和哲学等都必须全方位地面对“开放的宇宙”、“开放的社会”,明天依赖于昨天和今天,但不由它们完全决定。

但是在 20 世纪的科学哲学中,为什么少有人专门讨论演绎推理的辩护问题呢?甚至开放哲学的倡导者波普尔(K. Popper)也不例外呢?古德曼本人也没有充分意识到归纳与演绎的“对称

---

⑨ 分别见:J. C. Maxwell, Essay for the Eranus Club on science and free will (11 February 1873), in *The Scientific Letters and Papers of James Clerk Maxwell*, P. M. Harman (Ed.), Vol. II (1862—1873), Cambridge and New York: Cambridge University Press, 1995 [1873], pp. 814—823 和 L. Brillouin, *Scientific Uncertainty, and Information*, New York and London: Academic Press, 1964, p. 33, pp. 69—70, p. 151.

⑩ 参见:D. Hume, *An Inquiry Concerning Human Understanding*, Indianapolis: Bobbs-Merrili, 1955 [1748], p. 48; p. 50.

⑪ 详见:Huajie Liu, Instability, Modus Ponens and Uncertainty of Deduction, Paper to European Chaos / Complexity in Organisations Network (ECCON), 2004. 本文正式发表于 *Frontiers of Philosophy in China*, 2006, 4, pp. 658—674.

⑫ 出错有许多种可能,如对数学规则或者数理逻辑规则运用失误,对初始条件或边界条件获取、理解的出错,建模的不恰当性,模型不够鲁棒(robust),等等。

性”，他构造的“投射理论”归根到底还是想为不令人满意的归纳推理寻找一种多少令人满意的理论。[13] 从科学知识社会学（SSK）的眼光看，也许这与人们对（数理）逻辑和理性的过分偏爱有关，当某事被一旦冠以“逻辑”或者“理性”的字眼，就不需要再对其进行任何因果说明了，逻辑、理性本身就是最好的说明。而所谓的逻辑、理性，都是极其狭义的，一般指“数理逻辑”、“自然科学的理性”。这种观念在现在看来是可疑的。数理逻辑只是逻辑中的一种，自然科学的理性也只是理性中的一种。

译者当年考察古德曼的格路（grue）谓词时读过 3F 一书，[14] 1998 年还专门在 Borders 书店花 13 美元买了一本英文第 4 版 3F（本中译本就是根据英文第 4 版译出的），但从未想过要把它译成中文。众所周知，翻译可能是费力不讨好的工作。直到 2005 年 4 月在一个特殊场合遇上学长陈小文先生，偶然谈起古德曼（以前与潘涛一起翻译《湍鉴》时，曾与商务印书馆的武维琴先生和陈小文先生有过愉快的合作）。小文当即表示商务印书馆愿意出版古德曼的作品，让我立即填报一份选题，一旦购到版权就让我着手翻译。表格很容易填，无非是3F一书的价值、出版意义等，但实际

---

⑬ 本书第四章以很大的篇幅讨论投射理论，其实它只是常识、直观的一种扩展，因而它可能是本书中最无趣的一部分！虽然他本人很重视这一章。

⑭ 关于“格路谓词”，我曾找到两个比较好的自然科学“实例”：(1)对博物馆展品加减滤色镜，(2)分析酸碱滴定时的滴定突跃，详见：刘华杰，格路谓词的表示与科学实例，见《一点二阶立场》，上海科技教育出版社 2001 年，第 16－35 页。原载《自然辩证法研究》2001 年第 5 期，第 13－20 页。格路词谓其实没有任何神秘之处，在数学上它不过相当于某种函数，物理上或工程上不过相当于某种变换器。根据这一认识，我们可以有意识地制造出更复杂的格路谓词。

上我没抱什么希望，我估计版权很难买到。没想到，商务印书馆还真有本事和耐心，费尽周折终于购到了中译本版权（事后我听说若干家出版社也曾经尝试购买中译本版权，但没办成），于是，我又不慎揽到了一份苦差事。

翻译从 2005 年底开始，过春节时还在忙活，春季开学前初稿译毕。译者非常感谢陈小文和郭继贤两位先生所做的细致工作。

本人翻译经验不多，哲学及中英文水平也很有限，译稿肯定有许多不当之处，恳请批评指正，电子邮件地址为 antiscience@gmail.com。我也很希望他人把古德曼的其余重要著作也翻译给国人。

刘华杰

2006 年 5 月于北京西三旗

图书在版编目(CIP)数据

事实、虚构和预测/(美)纳尔逊·古德曼著;刘华杰译.—北京:商务印书馆,2017
(汉译世界学术名著丛书:120年纪念版:珍藏本)
ISBN 978-7-100-14729-3

Ⅰ.①事… Ⅱ.①纳… ②刘… Ⅲ.①科学预测—研究 Ⅳ.①G303

中国版本图书馆CIP数据核字(2017)第157335号

汉译世界学术名著丛书
(120年纪念版·珍藏本)
事实、虚构和预测
〔美〕纳尔逊·古德曼 著
刘华杰 译

商 务 印 书 馆 出 版
(北京王府井大街36号 邮政编码100710)
商 务 印 书 馆 发 行
北 京 冠 中 印 刷 厂 印 刷
ISBN 978-7-100-14729-3

2017年12月第1版 开本710×1000 1/16
2017年12月北京第1次印刷 印张10½
定价:50.00元